一萬步的希望

10,000 Steps of Hope

從不孕、早產到單親，
一位父親與雙胞胎勇闖世界的英雄之旅

作者
戴維思 (Davis)　**宋燕如** (Isabelle)

CONTENTS

推薦序　一萬步的行腳奇蹟／洪啟嵩 ——— 007
推薦序　杜威「做中學」的「實踐」與「超越」
　　　　／莊淇銘 ——— 009
推薦序　人生中最難的一堂課／張慧心 ——— 012
致　謝　充滿愛的世界村 ——— 015
代　序　為什麼會有這本書？ ——— 019

CHAPTER 1

孩子，我們的夢想

遊遍全世界找到的生命知己 ——— 030
在不理想中堅持理想的人生哲學 ——— 035
藝術啟發的母親本能 ——— 040

各種方法的試孕 ———— 047

The Words of Isabelle ———— 049

開始嘗試試管嬰兒的可能性 ———— 053

The Words of Isabelle ———— 058

CHAPTER 2

倒吃甘蔗的幸福

雙胞胎的GUARDIAN ANGEL ———— 062

成為母親的愛與堅持 ———— 066

The Words of Isabelle ———— 070

早產兒的未知風險和承擔 ———— 072

CONTENTS

| The Words of Isabelle | —— 076 |
| Isabelle與嬰兒的第一次約會 —— 078 |
| 關關難過關關過的早產兒 —— 082 |
| The Words of Isabelle —— 085 |
| 不斷需要面臨的醫療行為 —— 087 |
| The Words of Isabelle —— 089 |
| 聰明選擇與確立目標的重要 —— 093 |
| 我們只是希望一些鼓勵 —— 098 |
| The Words of Isabelle —— 101 |
| 啟動正面想法轉換重心 —— 102 |
| 袋鼠式護理帶來的奇蹟 —— 106 |
| 兒子，你要好好照顧自己 —— 110 |
| 未來不可測，只能隨時做好準備 —— 113 |
| The Words of Isabelle —— 118 |

讓我得到救贖的「幻影護理師」——— 119

有史以來最好的生日禮物 ——— 124

意料外的悲劇，母親和弟弟突然離世 ——— 128

中英文名字的靈感來源 ——— 138

從母奶到便便，早產兒的民生大事 ——— 145

CHAPTER
3

為生命出征

關於育兒的戰略勇氣 ——— 152

親愛的Isabelle生病了 ——— 157

CONTENTS

強韌的生命力和堅持 ——— **160**
互助的夥伴和幫手 ——— **165**
命運之神再度給予的打擊 ——— **169**
措手不及的人生變化球 ——— **173**
月亮上的媽媽 ——— **178**
我們的希望，雙胞胎的未來 ——— **180**

後記 讓不可能成為可能的旅程 ——— **187**
附錄 適用一輩子的學習藍圖和強效記憶學習法 ——— **195**

推薦序

一萬步的行腳奇蹟

國際知名禪學大師／洪啟嵩

一步是最深的心，一萬步串起了最淨的愛與希望，成為念念相續不斷的光明。這光明回照了父母的心，並照亮了雙胞胎孩子的心，更感動了所有人的心。

在《楞嚴經》中，大勢至菩薩教授了究竟的念佛法門──「香光莊嚴」，這是用「母子相憶」來比喻佛心與人心的相應，讓母憶子、子憶母的力量合而為一，成就了不可思議的同化力量。這是否也比喻著我們與子女的光明傳承，將成為宇宙中偉大的力量？

學習專家Davis先生在初為人父時，即面對著早產

雙胞胎的重大挑戰。他選擇了每天探視孩子的一萬步行程,作為生命正思維的時刻,將生命中的苦難,化為滋養自身與摯愛妻兒的養分,以精進波羅蜜將人生的危機化為轉機,用一萬步的行腳,開創了自、他生命的幸福,鼓舞著無數的人心!

推薦序

杜威「做中學」的「實踐」與「超越」

國立臺北教育大學前校長／莊淇銘

拜讀了Davis的《一萬步的希望》後，不禁掩卷長嘆，終於看到杜威（Dewey）的教育理念有了另一個成功的實踐者。在教育界教書四十餘載，經常推廣杜威的「做中學」（Learning by Doing）的教育理念。杜威認為學習的成就來自於學習者與環境間的互動，因互動中所產生的知識，才會深化學習者對知識的認知，與強化學習成效。

《一萬步的希望》中的兩位教育主角Davis跟Isabelle苦心且費心地規畫教育孩子的環境，從雙胞胎

出生遭遇到的困境，到孩子成長過程中面臨各種艱難環境的挑戰，都能營造適當的環境，在「做中學」陪孩子度過層層難關，也建立了孩子在學習世界中的成長與自信。兩位孩子優異的教育成果，就是杜威「做中學」的實踐。

另外，書中Davis提到曾跟Isabelle有瘋狂的想法——帶著雙胞胎到世界各地進行半年的巡迴研討會之旅，然後帶雙胞胎回美國幼兒園。世界巡迴研討會之旅共六站：第一站，中國及香港；第二站，澳洲及巴布亞紐幾內亞；第三站，馬來西亞；第四站，歐洲；第五站，美國東岸；第六站，美國西海岸。在舊金山完成最後一次研討會，正好趕上孩子們上幼兒園的第一天——完全按照原先的計畫。

雙胞胎在這半年中由於各個不同環境造就的學習視野與互動，所獲得的非凡的學習與成長，就是「做中學」的另一個見證。然而，難能可貴的是，Davis跟Isabelle瘋狂的訂定了相當困難的目標，讓雙胞胎的

「做中學」有良好的方向與目標，這就是「做中學」的「超越」了！

　　以上，只是《一萬步的希望》中，讓人動容的陪同孩子成長的故事的一小部分。書中提供了許多感人並優良的教養小孩方法，筆者看了深覺獲益良多，特提筆推薦！

推薦序

人生中最難的
一堂課

《人間福報》資深主編／
國立教育廣播電臺《教育行動家》節目主持人／
張慧心

從Davis老師剛從國外來臺講學，就有幸認識他，看他立願「讓一百萬人變聰明」，並認真投入各地華人社區精采教學，期間還順帶實現自己環遊百國的計畫。直到他遇到另一半Isabelle，求婚成功後仔細規畫「帶著婚妙去旅行」，在七個夢幻國家留下甜蜜身影，一步步打造自己的幸福國度。

誰知老天竟把嚴苛的考驗，放在兩人婚後生子一事上。六個多月就早產的龍鳳胎，奇蹟式地活了下

來，在孩子一歲多時，我首次見到這對雙胞胎，隱隱感覺到他們似乎有些發展遲緩，也才知道孩子領有重大傷病卡，必須接受頻繁的早療課程，而且能否收到效果還很難說。

在雙胞胎三歲以前，我看到身為母親的Isabelle堅強的韌性，她放下熱愛的工作，全心全力帶孩子到處去上不同的早療課程，即便是平日在家中，他們也善用親人的力量，隨時都有爸媽、阿嬤、阿姨、表兄弟、外傭和雙胞胎進行多語聊天、遊戲、運動，增加孩子對事物的反應。

Isabelle因病離世後，Davis成為了單親爸爸，他帶著孩子回美國居住，沒有把孩子丟給爺爺或保母照顧，反而經常帶著雙胞胎巡迴世界各地講學。每隔一段時間（即便是疫情期間），Davis老師會帶雙胞胎回臺灣探視外公、外婆，我也每次都有機會親眼目睹孩子從原本的「經常狀況外」、「偶爾晃神走鐘」，逐漸變得和一般孩子反應相同，甚至後來變得比一般孩子

的記憶力、反應力、理解力更佳。

多年來,我親眼見證龍鳳胎從被醫生判定腦部嚴重受損,到如今後來居上的比同儕更加優秀、亮麗、健康,同時可以多種語言切換表達,也更加貼心溫暖合群,我相信這除了是臺灣早療制度的幫助,更多是Davis老師以本身的教學經驗,點點滴滴刺激引導孩子發展出比預期高出許多的智力和能力。

值此新書出版,謹感謝Davis老師用自家孩子為例,證實了「世上沒有不可教育的孩子」,也相信在天上的Isabelle,如今可以含笑放心看著孩子,穩健踏步開展自己的人生。

致謝
充滿愛的世界村

　　致我太太摯愛的朋友們，在她的喪禮前、中、後，都以懷抱與真誠的心對待我們。一位朋友分享了自己在沒有母親的情況下成長的經歷——那份痛苦、療癒的歷程，以及陪伴他走過來的方法。他希望我也能做好準備，把他曾渴望卻未能擁有的東西帶給我的孩子。我永遠不會忘記這一點。

　　我始終相信，孩子理應在父親與母親的溫暖與引導中成長。當這樣的平衡被打破，卻又沒有適當的替補安排時，後果往往會在日後浮現。然而，從歷史與各種文化中，我也見過許多美好的替代方式。

　　在美國，核心家庭是普遍的型態。但在世界的許

多地方——在村莊、緊密的社區或傳統家庭中——則常見由整個「村莊」共同撫養一個孩子的情況。

　　我並非刻意要挑戰傳統或嘗試不同的教養方式，也不是有意選擇美國的家庭模式，反而比較像我在歐洲或亞洲見過的形式。我只是不得不學會適應，用現有的條件創造出新的方式。

　　對我而言，這一路走來仰賴的是一個「世界村」。無論結果如何，我已立下承諾，要讓它變得「更好」。

　　我們的世界村中，最珍貴的祝福之一，是Isabelle的妹妹Sophie。她自然而然地扮演了這個角色，給予雙胞胎最深切的關愛和照顧。無論是孩子們去臺灣探望她，還是她飛到美國，在我工作時照顧孩子，又或是我們旅遊期間，在瑞典及馬來西亞相聚——她總是在那裡，從未缺席。

　　我的孩子們說，她甚至「聽起來」就像媽媽，她的聲音、表情，甚至容貌，都讓人感受到相似與熟悉。這份相似，讓親情的連結變得自然深厚。而Sam

叔叔，以及臺灣那個充滿愛的大家庭，一直是我們穩定且持續的力量。

同時，在美國，我現年九十一歲、最偉大的父親，在我母親與弟弟過世之後，依然展現出非凡的堅強。他龐大的家族使孩子們因而擁有更多的阿姨、叔叔、堂表兄弟姊妹，孩子們也回饋了他一些東西：新的目標、活力與希望。他們的關係成了一條雙向的道路──純粹、喜悅且充滿生命力。

如今孩子們漸漸長大，也學會如何將愛回饋給他們的爺爺。這就是愛的循環，也是家庭的力量──無論家庭的樣貌為何。

有一天，有人對我女兒說：「真遺憾，妳沒有媽媽。」她回答說：「我有媽媽，只是她剛好過世了。」另一次，她說：「我們雖然不再有媽媽，但我們在世界各地都有很多阿姨。」

謹獻給所有我們的阿姨、叔叔、爺爺、奶奶、姨婆、乾爹、乾媽等長輩，以及各地的大哥、大姊、親

戚、學生與同事、朋友，還有來自全球各界那些善意的陌生人——他們一同編織了這張愛的被子、這幅愛的馬賽克，包圍著我的孩子們。

你們就是我們的世界村，我們永懷感激。

代序

為什麼會有這本書？

書名《一萬步的希望》，來自於我和妻子Isabelle在迎接孩子的過程中，我在面對傷心、挫折、不安與徬徨等各種負面的情緒或是能量時，所激勵強化自己的方法和實踐。

對孩子的希望與自我努力

我和Isabelle都期待有自己的孩子，只是期待並不代表著事情可以很順利地有所收穫，可能中間會有些波折，甚至很困難、很痛苦的部分。

我的雙胞胎孩子出生時，只有二十六週又五天，

當過父母的或做過醫療、瞭解一些醫學常識的,應該都很清楚二十六週又五天的早產兒,是一個很嚴重早產的狀況。

我們很疑惑為什麼會發生這樣的意外,醫生跟我們解釋,因為比較晚婚、Isabelle是四十四歲的高齡產婦,再加上又是雙胞胎,所以造成早產。

事情發生的當時,我們非常擔心、難過、恐懼,但身為一個男人、一個丈夫、一個即將要當父親的人,在社會和文化的影響下,我並不擅於表達出自己當時內心的感受。但那時很多的複雜情緒和感受,是我這輩子到目前為止都未曾有過的。

這其中包括看到孩子這麼小就出生,跟我的手掌差不多大,看起來這麼虛弱、這麼可憐,更充滿他們可能連生命能不能繼續維持都有困難的擔憂和沮喪。另一方面也感到罪惡感,覺得是不是因為我們大人自己的人生計畫,在包括晚婚、晚生、想要有兩個孩子等前提下,影響了寶寶們的未來。

在內心非常哀傷，又不知該如何處理，也沒有經歷過的情況下，身為一個比較正面的人，我知道要減輕並治療內心的壓力和痛苦，一定要透過方法來化解，讓自己能回復到能處理並解決問題的狀態。所以那時我每天大概走一萬步的樓梯來調整並整理發散在內心的痛苦和掙扎。

當時我工作的地方，就在孩子出生的醫院——臺大兒童醫院——的斜對面。由於早產，兩個孩子一出生就被放在當時位在醫院十樓的新生兒加護病房保溫箱中，我的辦公室位置則是在YWCA的十樓。我打定主意，不管回到辦公室或去看孩子，都不搭電梯，用上下樓梯的方法。

那個時候，我每天來回辦公室和孩子的病房之間，一天好幾次，有的時候幫忙餵奶，有的時候幫忙買些孩子需要的用品，又有的時候看看還在病房中休養的妻子，到了晚上又回到辦公室繼續處理公事。我大概算過，這樣上和下、上和下的樓梯來回，每天差

不多有一萬步。

就像有些人會突然在心裡做些承諾，例如不吃牛肉、或是吃素之類的，希望某人的身體可以趕快復原，或是某件事情可以趕快順利解決等，相對於那些做法，我則是希望能把心中的沮喪、痛苦、難過等情緒，藉由上下樓梯，讓心緒慢慢地集中到一個點，釋放出心中的壓力，盡力把負面的感受反轉過來，變成正面的能量。

走樓梯時，我可以感覺到內心的難過，甚至有想要哭出來的衝動。但是每走一步，我就試著讓自己內在的情緒轉化成向外的能量，不斷地告訴自己要勇敢、要能夠思考、計畫，要能正面的做出策略和行動。

碰到這種突如其來的狀況，有些人會把自己所有的感受、情緒往外放，無論是歇斯底里的大叫、大哭、大鬧，或是抱怨、嘮叨、嘆氣等，那些人會覺得如果不用這些方式散發情緒就不舒服。沒錯，這樣的

做法或許對釋發壓力有幫助,不過,這種做法卻會在無形中把自己的壓力加在別人的身上。

相對於把自己的壓力加到別人身上的方法,有些人卻是完全相反的作法,他們隱藏起個人的情緒和感受,包括傷心、沮喪、難過等,從外表來看,他們似乎跟以往沒什麼不同,其實內心積壓了非常大的壓力。

這種人通常會讓人覺得,那些負面的情緒和事情對他們似乎沒有太大的影響,但人都是有感情和感覺的,這種過度的壓抑,反而可能在未來造成更大的後遺症,包括因為心理造成的身體不適、憂鬱症、負面情緒壓力累積後的反彈等。

在這兩種處理方式之外,遇到突發狀況時,我則會盡量找一個正面的折衷方式。在人生的過程中,一定會有負面的經歷、感覺,以及情緒,我曾經研究過不少成功人士,如何把危機化為轉機,但是說很容易,卻不容易做到。其中有一個重點我想比較可以做

到的，就是找一個焦點，讓壓力釋放的同時，也盡快讓自己的思緒和理智恢復，做出正面的行為和決定。

因此，在知道兩個孩子的問題時，我選擇用走樓梯的方法減輕壓力並整理思緒，並要求自己每走一步，就要為孩子想一個對他們有利的正面行動，包括今天可以說哪句話、可以做哪件事、可以做哪個決定等，有助於孩子的未來。

驟失生活與工作的親密伴侶

在消費市場上，若要讓大眾印象深刻，達到最好的宣傳推廣效果，就要有跟別人不一樣的特色和專長讓大家理解，成為自己的代名詞或是符號，像是以前的綜藝節目主持人張菲，還有已經過世的豬哥亮，他們數十年如一日的髮型，就是大眾辨識他們的特色。

我在全世界，例如雪梨、多倫多、舊金山、溫哥華、聖保羅、法蘭克福、卡加利等有華人的地區，推

廣關於快速記憶和高效學習法，因此快速記憶和高效學習專家成為我的代名詞。

到了臺灣後，在Isabelle的幫助下，我出了十九本跟學習相關的書籍，包括繁體中文和簡體中文。在美國成長的過程中，我沒有受過正式的中文學校教育，雖然在聽和說方面難不倒我，但要把自己的專長和知識用中文寫出來並出版，卻不是我獨立可以做到的。

在世界各地旅行並分享學習方法，是我對生命和生活的一種熱情和回饋，我有很多的想法和經驗想要跟大家分享，而跟Isabelle的相遇，更讓我的生活與工作都找到一個合作夥伴！也是因為她，讓我可以藉由書籍的形式，分享更多自己的經驗給大眾。

在協助我規畫工作和出版方向之前，Isabelle就已經翻譯過非常多的英文作品，有的是文章形式，有的則是書籍，她在這方面的經驗和專業，讓我平均每年都有新作品發表。

在我們準備當父母時，為此花費了很多精神和心

力。有了雙胞胎後，她準備將我們在這過程中的努力與心情整理出來。不只是想分享給有相同經歷及期待的父母，更希望能讓熱愛生命及有理想、夢想的人知道，早產兒父母要面對的問題和心理準備。很不幸的是，在完成這個願望前，她就離開了這個世界。

為了能夠完成她的心願，我有了出版這本書的想法，除了我所敘述紀錄的故事外，雖然她已經不在，我也希望能盡量呈現出她當時的一些想法，因此我收集了她的筆記、臉書貼文，加上我對她的瞭解，以及她的家人和朋友的敘述，有了這本書的誕生。

不過，我要強調的是，這並不是充滿絕望或負面情緒的書，相對的，這是一本想要跟大家分享如何在困境中找尋方法的書！即便面臨生死壓力，該如何找到繼續往前的靈感。

我們希望能藉由自己的故事和經歷分享更多關於生命和生活的存在意義，傳遞曾有的經歷給那些願意傾聽我們故事的人。

接下來，希望你在讀完我和Isabelle的故事後，能從中獲得答案，我並以此書獻給我的妻子、雙胞胎的媽媽Isabelle。

CHAPTER 1

孩子，
我們的夢想

Isabelle曾經問我想要幾個孩子？我開玩笑的跟她說八個，雖然是玩笑話，但也表示我很喜歡孩子。總之，我們計畫要有孩子時，Isabelle已經四十多歲。

遊遍全世界找到的生命知己

　　人生就像一條河，往河裡丟一顆石頭會產生漣漪，但不會影響河水原本流經的方向。不過丟入不同的石頭，每個石頭造成的漣漪是否會交互作用，造成更大的漣漪或影響，就要看狀況了。

　　我和Isabelle的相遇就像兩個漣漪，我們兩個都是積極、有決心，並且是當機立斷、目標導向的性格，才會在每一個環節因為主動積極而有了合作的緣分。只要我們之中任何一個有遲疑，我們就不會相遇，就像插畫家幾米的《向左走‧向右走》故事裡的男女主角一樣，總是錯過彼此。

《李敖祕密書房》的鼎力相助

跟Isabelle的第一次真正合作應該算是《李敖祕密書房》採訪。二十多年前,《李敖祕密書房》這個節目很紅,臺灣很多知名人士都上過這個訪談性節目,主持人就是李敖。

我收到這個節目邀約時非常開心,李敖則是因為好奇我所推廣的快速記憶學習法而邀我上節目。那時我剛來臺灣不久,中文沒有現在流利,對於要上節目接受這樣一個大師的訪問有些期待,卻也擔心自己的中文讀寫能力不夠,便想要找一個翻譯協助我蒐集、整理相關資料,那時我就想到了Isabelle。

從美國名校畢業的她,英文流利,應對進退也非常好,是不二人選;Isabelle不但馬上答應我的要求,還陪我買了很多李敖的書做功課。那次的訪談非常成功,在節目的幫助下,我的課程獲得更多的迴響和宣傳機會。

最有力和智慧的工作夥伴

Isabelle的工作節奏很快,個性也非常直爽,氣質比較中性。皮膚偏黑的她,做起事俐落又有魄力。

三十多年前我剛到臺灣推廣快速記憶學習法時,臺灣對這塊領域並不熟知,也沒有相關的師資,因此若說我是臺灣快速記憶學習法的始祖應該不為過,現在很多在這領域的老師,幾乎都是跟我學過或是我學生的學生。

當時經過幾年的推廣,越來越多想要學習進入這個領域的競爭者,有競爭者是好事,表示市場有更多的需求。然而畢竟我是領頭者,或許因此造成對手的不理解,其中有少數的競爭者,不論是非,除了大肆攻擊我的公司、我個人,甚至打電話到公司威脅員工,更因為我是外國人,以各種手段抹黑我,並企圖以他們在臺灣的影響力阻止我的公司發展。

當時有些員工感受到這些壓力,勸我放棄在臺灣

的事業,所謂的「強龍不壓地頭蛇」。不過,認識我的人都知道,越是這樣我就越堅持;有問題的並不是我,是那些造謠生事的人,我絕不可能因為這些威脅和攻擊退縮。

曾經有女同事接過充滿叫囂和很多不堪入耳字眼的電話而被嚇壞。為了保護員工,Isabelle就自己接電話,碰到像是流氓打來、一堆髒話和威脅的電話,她當場的反應是充耳不聞,甚至還會反擊對方,這樣的勇氣和氣魄,來自她小時候的成長經歷。

Isabelle小時候家裡經營撞球場生意,在那個年代,撞球場裡面的人很混雜,常有一些混混鬧事,在那樣環境中長大的Isabelle,跟一般的女生甚至男生比起來,膽子和勇氣都多了些。

當時除了電話騷擾恐嚇,還有人去報社甚至民代那裡爆料不利於我和公司的不實傳言,捕風捉影的媒體和記者蜂擁而來。當時,我和Isabelle想到了一個將危機化為轉機的解決方式。

第一，直接召開記者會，當眾宣布所有的事情來由，不要讓記者自己編故事；第二，宣布跟弱勢團體合作，協助弱勢兒童藉由快速記憶法提升學習力。

　　這樣的應對方法不但一洗消費者對我們的誤解，更讓不少公益團體主動聯繫我們，詢問如何可以邀請我們前去授課演講。因此，包括喜憨兒等弱勢兒童團體，都成為我們授課的對象，而大家看到經由快速記憶法的訓練，這些先天不足的孩子竟然也能成為快速記憶高手，引起了很多媒體的高度興趣，無形中為「Davis的超強記憶學習」做了不少宣傳和廣告。

在不理想中
堅持理想的人生哲學

　　不管是誰，每個人的人生一定都會有起伏，就像房地產或股市，房價可能突然往下跌，然後就會停一下，又開始上漲。過了一段時間，可能因為政府政策、不景氣等各種因素又開始跌。這就像人生，都有起伏，但還是得一步步地向前，不可能停留甚至倒退；所以我們不可能沒有挫折、失望、沮喪等低潮，但遇到這些低潮時，你會怎麼做呢？

　　我和Isabelle都是以積極行動面對挫折的人，這從我和Isabelle的成長背景和一路以來的學習歷程與工作經歷就可以發現。

不被時間限制大步向前

　　Isabelle是波士頓大學法學院碩士，通常大家都會認為這樣一個名校畢業的學生，一定是家境良好，就算不富有，也是家境小康。

　　事實上，Isabelle的家庭不但不富有，還很辛苦。從小他們一家五口就住在一間只有五坪左右大的房子中，Isabelle的媽媽是個很能幹的女性，除了幫忙先生經營撞球場，另外又做釀醋的小生意。

　　為了分擔家計，Isabelle從小便幫忙父母做生意，除了在撞球場顧店，也會幫媽媽把釀好的醋一瓶瓶裝好。小時候的她，就在裝醋的空檔利用時間看書、寫功課。Isabelle曾經跟我說，因為家裡經濟狀況沒辦法讓她去補習，所以她當時只考上景美女中，沒有考上北一女。

　　不過大學畢業後的她，為了一圓出國夢，努力賺錢存錢，還不斷加強英文。為了讓英文更進步，她想

到一個一舉兩得的方法,就是透過接案翻譯,不僅賺到學費,還爭取到練習的機會。結果托福考到幾乎滿分,順利申請到波士頓大學的法學院。

以正面積極的行動前進

要啟動學習的能量,最基礎要做到的就是心態,如果心態不能調整好,不管多少努力、再多的學習方法,都不會達到預期的效果或目標,因為你自己就先打敗自己了。從年輕開始,以正面積極的心態面對事情一直是我的重要原則,也可以說是養成的習慣。

你應該聽過正面思考的力量,還有負面思考的毀滅性衝擊,但我想大部分人沒有仔細想過或評估正面和負面思考造成的大不同,也沒有深刻瞭解負面思考的壞處,但我卻曾經有過深刻的體會,所以面臨令人感到沮喪消極的狀況時,我就常常提醒自己要盡量保持正面思考的態度。

在雙胞胎孩子誕生前,最令我感到正面和負面思考造成的大不同,是在我到阿根廷參加滑雪訓練營時,當時我省吃儉用半年以上才好不容易成行。可是一開始,我遇到一個非常會抱怨的教練,總是針對學員的缺點進行批評,從來不會有讚許。他對我也是同樣的訓練方法,總以責怪和批評教導我,在這樣的情況下,我每次上課都很緊張,反而更容易出錯。

後來我換了另一個曾教導過奧運選手的教練,他卻是完全不同的態度,每當我自己覺得沒做好某些動作自責時,他反而會從我做得好的地方鼓勵我,在這樣正面積極的心態調整下,我越來越進步。

從類似這樣的經驗讓我體會到,我們沒有機會改變已經發生的事情,但在心態的調整下,卻有可能讓原本不理想的狀況有所改善或進步。

在我和Isabelle的人生中,不順遂的事情從來沒有消失過,特別是在求子、生子,以及Isabelle突然去世時,總是在事情好像有點好轉,又出現了難以避免的

問題，我之所以能夠堅持下去，在於我除了想辦法讓悲傷不要持續太久，也不斷地提醒自己，人生只有往前沒有向後的選項，只有頭腦清楚想好積極的作為，才能讓已經糟透的狀況有改善的機會。

藝術啟發的
母親本能

Isabelle常說要不要生孩子不重要,重要的是我們兩個。

我相信她,她是認真的;但在我心裡,我想要孩子。結婚五年後,我和Isabelle才開始真正想要有孩子。

由於工作的因素,我和Isabelle必需經常到世界各地,也很幸運有機會在過程中,能夠從歷史、人文等各方面見證和學習並得到啟發,對我們產生更多內在的影響。

在一次前往梵蒂岡的旅途,讓我們有機會見到米開朗基羅的成名作品〈聖殤〉(義大利語:Pietà),而

這一個偉大的作品，讓Isabelle對於孩子的想法有了不一樣的感受。

〈聖殤〉，也稱〈聖母憐子〉，是米開朗基羅於一四九七年應紅衣主教尚·德·比爾赫雷斯（Jean de Billheres）之邀，為羅馬舊聖彼得大教堂創作的一座雕塑作品，並於一四九九年完成，這也是米開朗基羅的成名作。

這個主題描繪了耶穌基督去世後，從十字架上被放下來，聖母瑪利亞懷抱著被釘死的基督悲痛萬分的樣貌。雕像中，基督躺在聖母雙膝間，肋骨上可見一道傷痕，頭向後垂，右臂搭在聖母右膝上，聖母身穿長袍和斗篷，左手向後伸開，右手托著基督。

義大利語「Pietà」的大意是憐憫或慈悲，米開朗基羅透過這尊雕像，不僅呈現出聖母瑪利亞因兒子之死而感到悲傷，也展現出她對基督命運的理解與接受，並在忍受巨大痛苦下展現出的母愛精神。在聖母瑪利亞年輕的臉龐上，微微揚起的眉毛，透露出一絲

淡淡的憂傷。

對於Isabelle而言，這件藝術品使她感受到母親對孩子的無私奉獻，這導致我們談論關於生子，以及收養孩子的可能性時，我問她：「如果孩子不是你自己生的，沒有我們的基因和血緣，你會愛他嗎？」她抽泣著說：「姪女不是親生的，但我也非常疼愛她。」

追求自由自主的人生

還沒有結婚的時候，親友們——特別是長輩——總是會關心或者追問什麼時候要結婚，好意地表示哪家有個女孩子很不錯。

這些長輩或許出於好意和關心才提出建議，希望鼓勵我們早點結婚，但對於年輕人來說，可能是基於叛逆的心理或覺得被貶低的心態，長輩的言行舉止反而常常造成反效果。我的外婆就曾經跟我說要介紹一個朋友的孫女給我，說對方有多好，當時我就想，「我

哪需要你們介紹女朋友給我？」

　　類似的狀況也發生在Isabelle身上，有回我們和她妹妹聊天，她妹妹就在那一邊嘆氣，一邊半開玩笑地說：「唉，希望Isabelle快點找個外國人嫁！」理由很好笑，因為Isabelle皮膚黑黑的，不太符合臺灣傳統審美觀裡「白皙」的美女形象，她妹妹說：「外國人的審美觀不同，或許比較有機會推銷出去。」

　　我和Isabelle早已習慣自由地做想做的事情，不會因為別人說什麼便輕易動搖。特別是像這樣以家庭、社會，甚至文化傳統等說法提出建議，希望我們能以一般人都遵循的方式生活時，讓我們覺得就像是不同世代的代溝；下一代總是試圖打破常規，挑戰舊思維，並嘗試創新的概念，因此年輕一代總會對長輩的建言提出「為什麼？」

　　然而，仔細思考後我發現，在那些長輩親友的建議中，其實有部分是不錯的選擇，只是大部分人都會以偏概全地認為那些都只是依循整個社會習俗的規

範,是沒有任何根據的建議和想法,更別說有任何的科學依據。

不過當我們打定主意想要孩子卻遲遲不成功,才發現「不要太晚結婚、太晚生孩子」不只是情感上的建議,而是有科學上的依據。只是我們都忽略了,一心沉浸在那些達到自己工作與事業上的夢想後才要生孩子,甚至是想要生雙胞胎的不切實際想像中。

擬定計畫後的徹底實行

Isabelle曾經問我想要幾個孩子?我開玩笑地跟她說八個,雖然是玩笑話,但也表示我很喜歡孩子。總之,我們計畫要有孩子時,Isabelle已經四十多歲。

根據研究,女性的卵子數量在出生時就決定了,隨著年齡的增長,卵子的數量會越變越少,這也是為什麼年紀越大的女性,生育的機率越低,而且連流產和胎兒有先天性缺陷的風險也越高。

Isabelle一直很有效率，小時候協助媽媽做生意時，只要有空檔就看書，考試成績不好就會盡快找出自己不足的地方，所以即使家裡的經濟環境沒辦法讓她有充分時間看書或補習，她的功課還是一直很不錯，因為她總是能馬上找到正確的方法去改善不足的地方。

因此當我們設定「嬰兒計畫」後，她馬上採取行動，包括到醫院做檢查，確認自己的身體狀態，當然我也同時做了檢查。結果醫生表示她的壓力指數過高，因此她馬上調整自己的工作和生活作息。

當時的她幾乎二十四小時都處於工作狀態，為了有正常規律的生活並放鬆，她另外找了一個壓力相對比較小的工作，一方面不會沒事做，一方面又可調整生活節奏。但這樣的改變似乎沒有什麼效用，後來Isabelle乾脆把工作辭了，完全在家調養身體。有時我在不同的地方教學，她就跟著我到當地去度假，有時還會參加遊輪度假，這些都是為了能夠順利懷孕。

在成功擁有雙胞胎的過程中，我們經歷了近十次的人工受孕和試管嬰兒的療程，發生過總算成功受孕後來卻流產的狀況，也是在這些困難當中，我們發現周遭不少人跟我們一樣，為了有孩子而付出很多的努力，不論是在精神上或金錢上。

　　還有朋友為了高昂的試管嬰兒費用將房子抵押，但抵押房子的費用卻只夠做兩、三次的療程，另外像是為了懷孕辭掉工作，或是為了調整體質買了一堆補品。但這些精神和金錢上的消耗，換來的卻可能是一而再的失望。

　　大家在獲得成果後分享成功的喜悅，卻忽略了強調中間的努力和辛苦，因此總是有人不斷地重蹈覆轍，所以這是為什麼我和Isabelle想要出這本書的原因，不論是高齡孕婦或雙胞胎，還是多胞胎，絕對不是如那些成功者呈現的那樣簡單美好，他們只是想要分享「我們成功了」的訊息！

各種方法的試孕

　　我來自一個非常大的家族，光是我這一代，就有三十幾個堂表兄弟姊妹分布在四大洲。如果不是因為生理狀況，還有Isabelle生病，我們應該也會有很多的孩子，像布萊德‧彼特（Brad Pitt）和安潔莉娜‧裘莉（Angelina Jolie）那樣，有一個大家庭。沒想到，在計畫擁有寶寶時，困難重重。

　　我們以為只要在心理上做好當爸媽的準備，**寶寶**就會自然而然地來臨，可是Isabelle每個月的生理期準時報到，就表示又失敗了。隨著每個月一次又一次的希望落空，不少親友提供各種經驗和祕方，希望能讓我們早日夢想成真。

　　我平常有在跑馬拉松，而她則偏好那種講求瞬間

爆發力的運動，所以我把這個任務想像成一場接力賽，她是短跑選手，根據時機，敏捷並果決地做出各個決定，而我則是那個接棒後要穩穩跑完全程的馬拉松選手。為了順利達標，我必須能夠準確地接住她交給我的接力棒完成這個比賽。要成為一個稱職的合夥者，光靠耐力還不夠，也必須付出一些代價，才能有所獲得。

　　若想增加懷孕的機會，我不能讓她需要我的時候四處找我，這不僅是生物學上的考量，也屬於精神和情感上的，她需要一個伴侶，可以和她隨時隨地並肩作戰。因此我開始逐步縮小公司的規模，並讓適合的單位接手，成為我的合夥人。如此，一方面我可以不用再四處授課，她也不用四處奔波配合我的工作，另一方面也可以讓我們都不要處於高壓的環境。

The Words of Isabelle

一開始,我非常希望能自然輕鬆地懷孕,但這種方法並未成功,於是我經歷了懷孕之路的三個階段。

第一階段：度假

我聽到朋友們分享了許多相似的故事,他們堅信度假有助於懷孕。經過許多不成功的嘗試後,他們終於在放鬆心情、遠離日常壓力的假期中成功受孕。受到他們的啟發,我說服了丈夫和我一起多度假,儘管這意味著他需要在繁忙的日程中擠出時間。

我們去了許多輕鬆愉快的地方旅行,尤其是泰

國。那裡頻繁且便利的按摩服務和慢節奏的藝術氛圍幫助我放鬆心情。然而，依然沒有寶寶的到來。

第二階段：計算排卵期

在第二個階段，我開始專注於計算排卵週期，並嘗試配合丈夫繁忙的工作安排，無論他在哪裡。我曾經焦急地預訂機票，只為了趕去不同地點與他見面，但這種協調和匆忙的旅行帶來的壓力，似乎與我的目標背道而馳。

第三階段：找到一份「禪」的工作

醫生警告我，壓力荷爾蒙過高會影響懷孕。聽從醫生建議後，我決定辭去市場總監職位，轉而接受一份朝九晚五的工作。那裡有禪意般的工作環境，幫助

我放鬆心情、找到平衡。這個階段帶來些許希望,有幾次顯現微弱的懷孕跡象,但最終卻是流產的悲痛。

在這段時間,我們收到很多善意的建議,有些是真誠的,有些似乎是為了推銷,甚至傳遞誤導訊息。

例如,有許多營養補充劑的代理業者推薦我各種產品,強調這些產品的有效性。雖然這些產品無害,並可能確實有些益處,但其中誇大的功效有時會讓人覺得好笑,包括從治癒癌症、幫助槍傷康復到協助懷孕等,這些說法令人難以置信。

我丈夫甚至曾和一位學生爭論,這位學生不僅試圖賣給我磁性內衣,還想招募我成為她的下線。這位學生擁有博士學位,但她提出荒謬且無科學依據的主張,背離了她的高學歷。

她誇耀磁性內衣的效果,甚至對我丈夫說,只要我穿上這款內衣,她可以保證我在六個月內懷孕。

這是我丈夫的底線，他不悅的表示，任何人若能給出這樣的絕對保證，不僅不合邏輯還不負責任，因為這會給人錯誤的希望，最終讓人懷疑她的誠信。我丈夫充當「守門人」的角色，試圖過濾掉這些不請自來的建議和產品推銷。

　　在一次流產後，有位朋友來醫院探望我，並試圖賣給我一種可以將浴缸變成水療的裝置。他們宣稱這種裝置的水流節奏可以改善我的健康，從而大大提高懷孕的機會。

　　針對這些建議，我選擇善意地回應，假設他們是想以自己的方式幫助我。所以，我簡單並明確地告訴他們，「我無法懷孕與你們的產品無關，只是單純的我老了。」

開始嘗試
試管嬰兒的可能性

你思考過自己出生在這個世界的機率有多高嗎？首先，你的父母必須相遇並愛上彼此，接著順利地成立家庭，然後帶有你一半基因的精子和卵子要能成功地結合，使你母親懷孕，接下來要沒有任何意外，讓你能夠順利誕生。

光是出生就需要這一連串事件的相遇和完成。因此，能在這麼低的機率下順利誕生在這個世界，就代表著我們每個人都有價值、有使命，也有能力去成就有意義的事。

從出生的過程也可以發現，每一個不同的決定，都直接或間接改變了我們原來可能發生的人生樣貌。

不論是遇到的人、身處的情境，甚至經由我們誕生到這個世界的孩子，都受到這些選擇的影響——有些是深思熟慮的，有些則是偶然的，但每一個選擇都具有深遠的意義。

當我和Isabelle努力找尋成功懷孕的各種可能性時，因為偶然遇到一位在海邊經營咖啡店、過著浪漫又自由的女士，而有了不一樣的想法，這也讓我們在日後能成功擁有一對雙胞胎。這位咖啡店主人是一位飛行傘愛好者，經營一家名為「躲起來」的海邊咖啡店。這家店和她的主人一樣，帶有自由奔放的特質，而店主人的名字如同她的生活方式一樣獨特，她叫做Sushi。

自由浪漫生活的寫照

Sushi的生活就像小說中的情節，她和她那群飛行傘夥伴會從新北市萬里的太平洋海岸山頭一躍而下，

在天空與大海間翱翔。

　　我也曾從同一座山頭飛躍而下，俯瞰野柳，最終降落在翡翠灣的沙灘。這樣的經歷確實能喚醒我們的哲思，讓我們對生命充滿無限感激。

　　我記得繫上飛行傘的吊帶，用力展開傘衣以捕捉風，讓它充滿空氣。當風開始微微將我抬離地面時，一股腎上腺素湧上全身，讓我在期待與即將騰空的現實中交織著興奮。當一陣強風夾帶著控制傘繩的力量，將我驅向山下陡峭的角度，映入眼簾的只有一片蔚藍大海。

　　當速度加快，海水的藍色逐漸模糊，我感受到陽光的溫暖與微風的清涼交織在臉上，我的雙手緊握著控制傘繩，直到指關節泛白。但隨著這沉浸式的體驗逐漸安定，體內的多巴胺和腦內啡使我平靜下來；我感受到喜悅、幸福，和前所未有的自由感。

　　當放鬆對傘繩的緊握，某種意義上我也放下了恐懼，也放下了對生活控制的執著。就像那次飛行中讓

風帶我前往未知之地一樣，與Sushi的偶然相遇，也像是「人生之風」將我們引向了新的可能性。

試管嬰兒的開始

雖然Isabelle並不像Sushi那樣全身心投入極限運動，但她同樣是一位自由浪漫的冒險者。畢竟，她與我一起旅行四方，我們甚至在Sushi的咖啡館對面的海灘有一間浪漫小屋。Isabelle和Sushi兩人很自然地建立起一種如姊妹般的情誼。

像Sushi這樣一個浪漫又自由的女性，當她在三十五歲結婚後，仍舊面臨了「是否要生孩子」的抉擇，與我們一樣，Sushi開始考慮成為母親，在初步的嘗試不成功後，她馬上尋求試管嬰兒的協助，並成功生下一個孩子。

Sushi試管嬰兒的成功經驗讓Isabelle非常心動，並給了她新的希望。Isabelle也曾努力透過中醫調理身

體，無論是從美國、臺灣購買中藥，或每週往返上海拜訪著名的中醫，但依然未能如願。Sushi的經歷讓Isabelle燃起新的使命和想法，她決心經由試管嬰兒實現生育夢想。

The Words of Isabelle

　　不同的人有不同的晨間儀式。我是那種一醒來就精神抖擻，腦中已經列滿「待辦事項」清單的人。但我丈夫Davis的早晨節奏跟我完全不同，他動作緩慢、溫柔，喜歡在面對世界之前，先靜靜地享受片刻寧靜。

　　每當我請他做出重大決定，他的目光會短暫地飄向遠方，然後說：「等一下，先喝杯咖啡或濃茶。」我太瞭解他了。在那些我們以港式早午餐開始的日子裡，配上一杯濃郁的「絲襪奶茶」，所有的一切似乎都順利多了，這樣的儀式總是能讓他覺得一天有個美好的開始。我學會了掌握請求的時機，例如請他幫我

打排卵針——最好不是一大早,而是在我們共享咖啡或茶之後。

在我眼中,Davis是白馬王子的溫柔與南丁格爾的慈愛的完美結合,他能勇敢地面對挑戰,又溫柔地讓一切充滿愛意。每天,他都是我靜默的英雄,用既穩定又溫柔的雙手為我注射。

當他出差在外,我真正體會到他的分量。我獨自一人拿著針頭時,才發現刺破自己的皮膚是多麼困難,不僅是身體上的,更是情感上的。我鼓起勇氣,默默地給自己打氣,試圖召喚出勇氣,但在最後一刻,當針頭懸在我顫抖的皮膚上方時,我猶豫了。

那猶豫是殘酷的,針頭刺破了皮膚,但不夠深入,讓我陷入一種小小的痛苦中,徘徊在退縮與不得不的進退間。身體的刺痛是尖銳的,但更大的痛苦是看著自己猶豫不決,對自己的恐懼感到無助。

當Davis在身邊時，一切都不同了。他的動作既確定又溫柔，像外科醫生一樣輕彈針筒，驅除每一個氣泡，小心地按壓，直到出現一滴液體，證明一切安全無虞。

最讓我安心的，不僅是他的技術，而是他每一個動作背後的愛意，他的溫柔比任何盔甲都更堅固地包圍著我。在他的手中，即使是最尖銳的針頭也顯得不那麼殘酷。在他的陪伴下，連痛苦也變成了一種恩典。

在這個世界上，有些丈夫缺乏情感上的敏銳，無法直覺地理解女性面臨的挑戰；另一些則過於敏感，甚至在看到針頭或血液時就感到不適。

很幸運擁有一位性格平衡的丈夫，他是身披鎧甲的騎士與天使般護士的完美結合，既勇敢又溫柔。

CHAPTER 2

倒吃甘蔗的幸福

當雙胞胎最終回到家時,我們履行了親吻他們一百次的諾言,並且發現連續親吻他們是那麼的美好和幸福。親吻一百次可能似乎是一個誇張的數字,但對於這遲來的回報,即便一千次親吻也不誇張。

雙胞胎的
GUARDIAN ANGEL

「經過兩年度假,坐遊輪的自然做人法,加上四年醫學協助,共計兩次人工、八次試管後,終於有了結果!不需要堅持到我的停損點:武昌起義十次革命!肚子裡二十一週大的雙胞胎不時拳打腳踢、擴張床位,證明他們的存在不再是幻想!感謝醫生們、護士們的精湛醫術,先生的溫柔陪伴、親人的扶持照護和各位朋友的鼓勵與支持!」這是Isabelle懷孕並穩定後,很高興的在臉書上留下的文字。當時我和Isabelle沒想到,貼文不到六個星期,雙胞胎就急著出來了。

不能鬆懈的責任

自從知道懷孕並且是雙胞胎的那天開始，Isabelle 就陸續準備小朋友出生需要的東西，例如汽車安全座椅、嬰兒床、小嬰兒的衣服、玩具等，除了買新的，有些用品像是嬰兒床等可以重複運用的，她就會從一些社團中找二手的，除了環保，也聽說這樣可以為出生的寶寶帶來幸運。

Isabelle 大學時曾參加嚕啦啦社團，學校畢業後，有團員在臉書成立了專頁，當時她在那個臉書專頁上找到一個願意轉贈二手嬰兒床的學姊。

Isabelle 很感激學姊願意把嬰兒床轉讓給她，但因為當時我還在國外，沒辦法去幫她拿，她的肚子太大也不方便出門，便想等孩子出生後再去拿。沒想到好心的學姊知道她已經快五個月又是雙胞胎，毫不猶豫地提出她可以幫忙把嬰兒床從桃園送來木柵。

在學姊把嬰兒床拿來的那天，她到達我們家樓下

打電話給Isabelle時，Isabelle說公寓沒有電梯，學姊再一次毫不猶豫地說可以把床直接搬上樓，Isabelle對她的熱情非常感動。就在她們還沒機會聊太多，Isabelle就提到昨天感覺「水流出來」，像排尿一樣。那位學姊非常緊張，因為這是可能早產的危險信號，畢竟她已經是三個孩子的母親，而第三個孩子便是早產兒。

學姊懷疑Isabelle的羊水已經破了，而且情況嚴重，但我的妻子完全沒經驗，天真地回答她，「現在情況還可以，漏水已經完全停止了。」

當學姊聽到Isabelle的回答時，更緊張了，她跟Isabelle說，「妳的羊水可能已經流光，必須馬上去醫院。」我的妻子還不知道事情的嚴重性，表示休息一下後，便會去附近的診所檢查，但學姊堅持要盡快把Isabelle帶去醫院。

Isabelle覺得已經對這位剛見面的善良陌生人造成太多的麻煩，不想再麻煩她。因此，Isabelle禮貌地拒

絕，並表示已經打電話給家人，就等他們來接送，沒想到學姊直接跟Isabelle約在醫院碰面。別無選擇下，Isabelle只能盡快搭計程車去醫院。沒想到的是，這成為她一生中最重要的選擇之一。

毫不誇張地說，因為那位學姊的善良和堅持，Isabelle才會在她的叮嚀和監督下立即前往醫院，否則一定會有更嚴重的後果，更難以想像會發生多麼令人恐懼的狀況。普通人通常在幾次被禮貌的拒絕後，便會放棄幫助一個陌生人的機會，可是因為她的堅持，救了我們的孩子，這就是為什麼我們稱這個新朋友為拯救我們嬰兒的「守護天使」。

我們由衷的感謝她！

成為母親的
愛與堅持

　　足月的嬰兒大約會在第四十週左右出生，只要少於三十七週出生的孩子都會被視為早產兒。當懷孕二十五週左右就破水，代表我們的孩子面臨嚴重的危機，對母親來說，這是一個不完美的懷孕狀況。

　　所有人都希望不論什麼事情都能近乎完美，包括完美的婚禮、完美的假期、完美的生活，甚至只是烤一個蛋糕都希望是一個完美的成品，像懷孕這麼重要的事情，怎麼能夠不完美呢？

　　照顧一個完美的、按照預產期出生，健康足月又可愛的孩子就已經不容易了，一個不足月的嬰兒，要有多少關於未來和健康的擔憂？一個過早出生的嬰

兒，已經不是關於完不完美的討論，而是關於生死與未來的課題。

奇蹟寶貝的生存競賽

根據Isabelle的資料搜尋，懷孕二十五週就出生的嬰兒，有一半的機率會在出生時或出生後不久死亡。如果多了一週——二十六週——生存機率又會往上提升一些，也難怪有人會將早產兒稱為「奇蹟嬰兒」。

但是，在那些把早產兒看成是奇蹟寶寶的新聞標題，以及把這看為「生命禮物」的短暫樂觀情緒背後，更多要考量的問題在於，嬰兒是否會因為早產必須面對終身的醫療問題？包括最嚴重的腦性麻痺（Cerebral Palsy，簡稱CP），或是接近植物人的狀態，或者會有需要終身使用輔助呼吸器的肺部疾病。

在二十六週之前早產的所有潛在風險中，最重要的就是肺部問題。在胎兒發育過程中，許多部位非常

早就開始成形並運作,但肺部卻不是如此。肺是少數幾個一直處於休眠狀態、直到出生後才真正開始運作的器官之一。

在母體的每一天,對嬰兒的肺部生長來說都非常重要,為了盡可能使肺部發育完整,醫生會盡力延遲嬰兒的出生,這是使肺功能正常發展的最重要任務,也才能爭取早產兒最佳的生存品質和機會。

突變嬰兒的製作

「給母親一些藥物,盡可能把胎兒留在媽媽的子宮。我們需要先刺激胎兒的肺部生長,才能將嬰兒生出,否則他們就沒有機會了。」媽媽因為被注射的藥劑在痛苦中尖叫,同時擔心自己無法再把孩子留在體內。

醫生說,「為了嬰兒,你必須忍耐這些痛苦。」醫療團隊準備了類固醇混合物注入母親體內,希望能刺

激胎兒體內的生長激素,進而促進肺部發育。

以上的敘述似乎像是一部科幻電影,事實上,這是一些電影場景,但其實跟我們經歷過的雙胞胎出生真實狀況相距不遠。

Isabelle服用了抑制分娩的藥物,那藥物讓她產生很不舒服的效應,同時間,為了讓胎兒的肺部可以盡快成長,以免出生後因為肺部發育不全而有更多的問題,醫生又在Isabelle的身上注射了類固醇等藥物。接下來過了一個多星期,實在撐不住胎兒要出來的動力,Isabelle緊急接受了剖腹產,就這樣,一對雙胞胎,相對於完美的嬰兒,他們看起來反而有點像變異的小外星人,不僅身形過於嬌小,身上還充滿了瘀血,就連哭聲都很微弱,但我仍然覺得他們非常可愛並深受感動。

The Words of Isabelle

根據美國先天缺陷基金會（March of Dimes Foundation）的研究，二十六週內出生的早產兒，每十個就會有兩個死亡，因此，當我的羊水在二十五週左右破了之後，每一天都至關重要，我告訴自己一定要撐過二十六週，讓孩子盡量能爭取生存的機率。幸運的是，我撐過了二十六週又五天。

不過，當辦理出院相關手續時，孩子的出生證明上卻只寫著二十六週，省略了來之不易的額外五天，這讓我感到非常失望和生氣。對我和孩子來說，這五天就是一個戰場，是我們努力爭取到多一點生存機率的證明。

我跟護理師表示這個時間不對,但她只是聳聳肩表示,「好的,但那沒關係。」我難以接受,我跟護理師拜託請她重新再出一張證明,但護理師回覆,「那要再重新跑流程申請,這張就可以了。」

我激動又淚流滿面地跟她說,「我想讓我的孩子們知道,這是我努力為他們爭取的生存機會。」在苦苦哀求下,他們更改了證書上的時間。對我來說,這是一場奮鬥的證明。

早產兒的
未知風險和承擔

　　Isabelle緊急住院安胎時，在沒有羊水保護的環境下，哥哥面臨著被感染的風險，但若當時就讓孩子出生，他們的肺部還沒發育好，存活機率就更低。在這樣的情況下，醫生只好一方面以藥劑促進孩子生長，一方面密切觀察哥哥的狀況。

　　沒想到的是，原本擔心哥哥會因為少了羊水保護而有狀況，但他一出生便哭聲宏亮。除了月份不足、體重過輕，暫時似乎沒有太大問題。不過原本認為羊水完好無缺的妹妹卻因為被擠壓，造成腦部出血嚴重，身上也有多處看起來像瘀青的地方，必須戴著氧氣罩才能呼吸。

根據醫生的說法,哥哥因為還沒出生就在一個不安全的環境中,隨時處於要戰鬥的狀態,因此一出生對於外在的環境反而能有即時的反應。可是妹妹因為一直睡在羊水中,時間還不到就把她帶出來,就像是一個熟睡的人突然被叫醒,一時對新環境沒辦法馬上反應,反而不知道該如何呼吸。

不過比較大問題是,妹妹腦部的出血狀況嚴重,而且左右腦都被影響,未來將會有腦性麻痺的狀況,腦性麻痺有分輕度、中度和重度,至於妹妹到底屬於哪個程度還不能確定。

未預期的隱憂和難關

聽到腦性麻痺,我和Isabelle心裡想到的就是那些不能行走、沒有自主能力,只能躺在床上,而且會不自覺流著口水的樣子。我們對於妹妹的病況有些心理準備,心情很沉重,不斷想要跟醫生確定孩子最糟的

狀況可能會如何？醫生很直接地說，最糟就是只能躺在那裡，不能自主。

我可以理解醫生在不確定狀況下，寧願把情況說得最嚴重，免得我們抱著過多的期望，但是對於我們而言，就像在我們的傷口撒上一把鹽。這是我們第一次當父母，卻面臨這樣一個難關。看到孩子的出生讓我們很高興，但因為早產讓孩子要面臨的難關，卻讓我們高興不起來。

還沒打定主意準備有孩子之前，我們常看到一些明星跟她們四十幾歲才有的孩子的照片與報導，例如珍妮佛‧羅培茲（Jennifer Lopez）、《慾望城市》的莎拉‧潔西卡（Sarah Jessica）、妮可‧基嫚等（Nicole Kidman）。

這些報導總是會給人一種高齡產子不是什麼問題的錯覺，然而大家不會去探究或是瞭解那些孩子如何而來，也不瞭解這些孩子可能是來自人工受孕、試管嬰兒，甚至代理孕母，只是歡欣鼓舞地慶賀孩子的出

生,並羨慕高齡母親還能擁有自己的孩子。這些或許屬於私人領域,不需要跟大眾說明,但也因為大家總是習慣把好的一面呈現出來,把背後真實的細節與計畫加以掩蓋或模糊,讓很多人都不知道高齡母親要面對的問題。

美國第一位華裔新聞主播宗毓華(Connie Chung)在事業發展非常迅速順利的時候,突然宣布將減少工作量,為懷孕做準備,當時她已經四十多歲,但四、五年後,她並沒有完成這個願望,而領養了一個孩子。

直到席琳・狄翁(Celine Dion)勇敢地講述她如何忍受多年的失落和嘗試,總算擁有一對雙胞胎,才打破大家對於那些明星總能在擁有事業成就後,又能如安排好的計畫般,順利迎接孩子的迷思。

The Words of Isabelle

　　醫生囑咐我躺在病床上不能亂動，以免讓羊水漏出更多。什麼都不能做的我，除了定時的打針吃藥，就只能滑手機找資料。

　　我找到一些關於嬰兒出生週數的生存機率：二十四週出生的早產兒生存機率只有百分之三十九，二十五週有百分之五十，二十六週可以達到百分之八十，二十七週則能有百分之九十的生存機率了，至於二十八到三十一週出生，則為百分之九十到九十五的生存機率，三十二至三十三週，則為百分之九十五，到三十四週以上，就幾乎是跟足月嬰兒差不多的生存機率。寶寶在我肚子裡的週數不但會影響他

們的生命，還會影響到出生後的身體健康狀況。

羊水破的時候，雙胞胎只有二十五週大，如果他們能在我的肚子裡超過二十六週，生存機率不但可以從百分之五十提升到百分之八十，肺部發展也會比較理想。根據早產兒基金會的資料，肺部是身體最後一個發育成熟的器官，胎兒在母體內時，肺部並沒有呼吸的功能，氧氣的獲得與二氧化碳的排除都是由胎盤與母體交換完成，一直要到出生後，肺部才會開始正常運作。因此如果胎兒提早出生，肺部發育不全，可能就會使肺泡塌陷，影響呼吸的功能。

讓寶寶能堅持到二十六週後再出生成為我的目標。對我來說，我必須不惜一切代價，專心一意地達到這個目標。

Isabelle與嬰兒的
第一次約會

　　寶寶一出生，醫生通常會把小貝比放在母親懷中，啟動母嬰間的親密接觸。不過對我們的雙胞胎來說，這是不可能發生的，因為他們要先為自己的生存奮鬥，必須立即放入保溫箱中進行必要的醫療行為。

　　另一方面，Isabelle還沒從剖腹產中恢復，也不能起身到保溫箱看寶寶，她只能接受自己沒辦法馬上看到剛生下的雙胞胎的現實。

　　為了滿足妻子的好奇心並讓她放心，我給她看了雙胞胎的照片，並跟她討論嬰兒的特徵，讓她覺得開心。不過拍照時，我故意近距離拍攝雙胞胎的特徵和五官，像是他們有圓圓的眼睛、豐滿的嘴唇，皮膚看

起來有點皺紋、有點濕潤,看起來好像跟足月出生的嬰兒有點不同,但沒有差太多。我也盡量不要照到他們身上的醫療設備,也沒有放任何可以看出孩子大小的物件在旁邊,免得讓Isabelle發現他們只有手掌大。

　　Isabelle凝視著那些照片露出了微笑,將注意力集中在自己要趕快恢復才能快點去看寶寶的想法上。我慶幸自己的策略成功後,也開始有些恐懼,擔心她對嬰兒的所有想像是種投射到空白畫布上的幸福假象。

　　隨著妻子的身體漸漸復原,蜜月期還是結束了。就像終於要跟未曾見過面的戀人會面一樣,之前只在網上交換過信件和照片。真正見面的那個時刻來臨時,不可避免地會有各種期待、恐懼和焦慮的感覺。這也說明了Isabelle在總算見到雙胞胎、她一生中「最親密的陌生人」之前的感受。

　　第一次見到嬰兒時,她緊張地撫摸著他們的小手,露出了微笑,她在情感上感到快樂,也體會到成為母親的責任和幸福。但是慢慢的,我可以從她臉上

和肢體語言上看到她在情感上產生的掙扎和矛盾。

當她臉上露出悲傷的表情時,還是努力保持著微笑,但眼睛卻慢慢發紅,然後說:「他們真的好小喔⋯⋯」接著,Isabelle頭低著,流著淚,顫抖著說:「這都是我的錯。」看到孩子這麼小,讓她不知所措。

我知道身為母親的她,覺得讓嬰兒安全地在子宮裡生長到出生是她的重責大任。現在,他們沒有在子宮內被安全地孕育,而是在自己還沒準備好的世界中苦苦掙扎。

她充滿了自責的感受,就像看著無家可歸的孩子,沒有任何過錯,卻遭受到很多的艱難、絕望和外部環境的折磨。對於一個媽媽來說,親眼看到和感覺到自己孩子的遭遇,會讓她更加情緒化。

Isabelle不論在身體和精神上都很有韌性,外人眼中的她,是一個堅強又有邏輯的女強人。但此刻,她卻表露出很少見到的脆弱,她內心的罪惡感戰勝了理

智，原本只是眼淚汪汪，如今情緒像潰堤般，變成哭泣的海嘯。她的母性本能讓她覺得自己沒保護好孩子，覺得自己是一個失敗的母親。

關關難過關關過的早產兒

對於早產兒來說,輪狀病毒是個很嚴重的問題,它是五歲以下的嬰幼兒發生急性腸胃炎的最常見原因,因為急性腸胃炎拉肚子而住院的嬰幼兒中,大概有四成都是受到輪狀病毒的感染。

可怕的是,輪狀病毒的傳染力非常高,若早產兒感染輪狀病毒,原本體重就很輕的他們,會比一般新生兒更容易發生嚴重脫水、血便、壞死性腸炎等嚴重併發症。

哥哥在醫院的時候,很不幸的也感染到輪狀病毒,但我們當時並不知道這個病症的嚴重性,直到病房裡有個得到輪狀病毒的嬰兒發生暫停呼吸的狀況,

才感覺到事情的嚴重性。

當時有一臺監控嬰兒的機器突然不斷發出刺耳的聲音,「天啊!這嬰兒在抽筋,快點來幫幫我!」一個護理師緊張地叫另一個護理師來幫忙。「他停止呼吸了。」然後至少有兩個醫生衝進來,旁邊還有三、四個護理師協助。

接下來我聽到護理師在計數,醫療人員推測輪狀病毒進入嬰兒的中樞神經系統而引起抽搐。總之,那嬰兒的呼吸停止了快三分鐘,再多一分鐘,他就會因為缺氧造成永久的腦部損傷,有可能會成為植物人。

這樣讓人怵目驚心的狀況讓我和Isabelle瞭解輪狀病毒的嚴重性,不再自滿於兒子似乎沒有因為輪狀病毒而有任何症狀。

不過我們都知道擔心沒有用,只能持續保持警惕,Isabelle甚至認為我們該保持建設性的樂觀態度,才能理性地做出明智的行動。

她當時幽默地說,當我們感到暫時的放鬆時,身

體會分泌多巴胺，若焦慮則會分泌皮質醇，這種溜溜球效應會讓我們看起來很老，她說：「哈哈，我想看起來像個年輕的媽媽。」結果證明她是對的。我們的兒子很快就完全康復了！

The Words of Isabelle

除了腸胃的問題，呼吸問題在早產兒中也很常見。出生時，我們的女兒需要供應純氧才能維持生命徵象；我的兒子只需將空氣推入呼吸輔助器來輔助呼吸。

女兒經過一陣子的純氧供應，有所改善後就不再需要繼續使用。事實上，若使用純氧太長的時間，有可能造成一些併發症。然而一開始不需要純氧治療的兒子，這時卻發現了一個讓我們難以想像的問題：他會忘記呼吸。對一般人來說，如此基本的自主行為，竟然變成必須不斷監控的行為；我們不能再把兒子的每一次呼吸視為理所當然。

當我們慶祝女兒的進步時,卻又為兒子的狀況感到困惑和恐懼。雖然我查詢相關資料發現,新生兒偶爾呼吸暫停是正常的,但患有早產兒呼吸暫停(AOP)的嬰兒,可能會出現心率急劇下降——有時低於每分鐘八十次,發生這種情況時,他們的皮膚會因缺氧變得蒼白或發青,我便曾親眼目睹了這一幕。

　　當時護理師冷靜地跟我說:「稍微用力拍他一下。」我聽從了她的建議。但兒子的氧氣濃度還是一直在下降,臉色開始發紫,我驚慌失措地求救。一個護理師衝過來,把他從我手裡接過去,用比我大兩倍的力氣拍打他的背。片刻之後,他總算喘息並恢復了呼吸。

　　我非常感謝那位護理師的即時應變,最讓我感動的是,那些在新生兒加護病房中的醫護人員跟我說:「這是他們熱愛的工作。」我由衷地感佩他們。

不斷需要面臨的
醫療行為

第一次面對兒子需要進行磁振造影（MRI）檢查時，Isabelle 和我很焦慮。

我們對磁振造影的印象來自電視上看到的，那是一個巨大的機器，準備做檢查的人會被固定在一個平臺上，經由傳送帶移動到一個圓柱體中。

「BOOM BOOM BOOM」磁振造影機器發出巨大聲音。在那一刻，Isabelle 被這聲音嚇了一跳，她跟我說，「大人都會被這種可怕的聲音嚇到了，更何況一個應該在子宮中享受安寧的早產嬰兒。」

為了測量準確，被檢查的人必須完全靜止以確保影像不會模糊，我們無法想像一個小嬰兒可以做到這

樣的要求，他會哭著動來動去。我們提出了疑問，醫生告訴我們，他們會先幫我們兒子打一針，裡面含有一種叫做氯胺酮（Ketamine）、俗稱K他命的藥物。我和Isabelle互相看了彼此一眼，內心感到不安。

　　K他命這個名字只會讓我們想起跟它相關的不好印象。像是在二〇〇〇年代初期，新聞經常報導某些不合法的狂歡派對現場，參加者吃下這種藥物讓身體麻木，又藉由搖頭丸引起興奮情緒，在兩種藥物的相互作用下，能在狂歡派對跳整夜的舞。更糟糕的是，我還聽說這種藥物是一種鎮靜劑。

　　我們知道一些名聲不好的藥物會損害人體，但若適當地運用在必要的醫療行為，也可以幫助人，就像用在女兒身上的肉毒桿菌。不過儘管如此，我們仍然非常不安，即使是成年人，也盡可能避免使用鎮靜劑和止痛藥，更別說用在早產兒的身上。這樣的做法真的會利大於弊嗎？我們產生很大的疑慮和擔憂。

The Words of Isabelle

母性教會我很多東西,最出乎意料的是,它讓我更看清「醫學」,我指的不是臨床意義上的,而是脆弱的孩子需要面臨醫療行為的檢查和救治時,父母才能理解的那種充滿希望卻又擔心的矛盾情緒與兩難。

兒子剛出生時,就需要做磁振造影,醫生解釋,「他必須保持靜止,掃描才能有作用。」當然,我們沒辦法跟新生兒解釋如何靜止,所以醫生說他需要被鎮靜。我點了點頭,贊成醫生的想法。因為在這之前,我女兒用過肉毒桿菌在小腿肌肉以緩解不舒服,我相信藥物的適當使用利多於弊。

他們進行了第一次注射,然後是第二次,接著又

第三次。每次新的嘗試，我兒子那小小的身軀都會抽搐，哭聲尖銳，臉色變得我從未見過——狂亂中夾雜著困惑。

他的每一次尖叫都讓我心碎。我得到唯一令人放心的訊息是，我兒子是個充滿活力的孩子。大多數嬰兒只需要注射一次就能保持靜止，但我的雙胞胎從出生第一天起就活力十足，即使是三劑鎮靜劑也無法讓他平靜下來。

淚水模糊了我的視線，我懇求醫生「停下」，我不在乎磁振造影是否成功拍攝到影像，不在乎結果或程序，我只看到寶寶被化學物質和恐懼所淹沒。後來，他們試圖安慰我，「我們每次都減少劑量，他很快就會冷靜下來。」事實上，他沒有。

檢查後的好一段時間，他不肯睡覺、不吃，眼神呆滯，彷彿有人溜進了他的身體。我無法擺脫愧疚，

磁振造影機器敲擊的聲音一直縈繞在我的心頭，我兒子當時眼中透露出不安的神情，仍然留在我的記憶中很長一段時間。

後來他常常做噩夢，我覺得應該是那天造成的影響。所以在那之後，醫生的建議我不再是照單全收，而是會先提問，並清楚理解是否有其他更好的替代方案。

接著，當他們建議女兒做磁振造影時，因為有了兒子之前的經驗，我先問醫生：「這個檢查可以看到電腦斷層掃描無法看見的嗎？」我們已經知道女兒的大腦有一部分還沒有形成，我們接受了這個事實，但我們必須把接下來要做的檢查，以及對孩子可能會形成的創傷不論有形或無形做一個權衡和評估。

我開始意識到，儘管醫療系統充滿了好人，但通常還是通過慣性運作，但身為母親的我，必須能夠為

CHAPTER ② 倒吃甘蔗的幸福 091

孩子們的未來，勇敢的選擇、辨別並堅定的做決定。

在不理想中的狀況下，為他們找到最適切的方法。

聰明選擇與
確立目標的重要

　　每個人的一生都會遇到很多的選擇，當有機會可以選擇，就要仔細地想清楚，做好最適當的決定，但有些時候卻沒有辦法可以選擇，有些人會覺得「那就是命，註定的，沒有辦法。」

　　我不是那種明明很難過、很辛苦，卻表現出「沒有，我一切都很好、很開心」的人。有些事情是我們不能決定的，比如雙胞胎提早出生、妹妹出生後有腦出血的問題等，都不是我和Isabelle能夠改變的，但是在這些狀況下，有沒有可能讓問題盡量減低到最少，有沒有哪些事情可以努力改善？

　　認識我的人就會知道，如果設定了目標，我就會

很有恆心、很有毅力，以一種絕對要革命成功的精神完成。Isabelle跟我是同樣的個性，所以在有些人看來，會覺得我們的個性很急，其實那是因為我們強烈地想要達到目標，說到做到，不是說說而已。

難以避免的選擇難關

二十幾年前準備出版第一本書前，某天在跟Isabelle談到想要以出版作為學習方法的推廣時，那時已經是晚上十一、二點了，但我記得很清楚的是，Isabelle馬上就打電話給我們當時的公關公司負責人討論出書的想法和方向，隔天就開始尋找並連絡適合的出版社。接下來，就是一連串的寫稿和課程準備；以最好的效率達到目標，一向都是我們兩個的共同想法。

在推廣課程的時候，我們會跟學生和家長們說「思維會影響行為，行為會影響作為」。就好像我們說

的心想事成、吸引力法則,並不是要大家無條件的樂觀,而是要保持積極的心態面對事情,有智慧的選擇處理方法,才能在不滿意的狀況中,盡量得到滿意的成果。

不管是社會上對男性的要求期許,或是我本身個性使然,除了我在十二歲跟家人剛從香港移民到美國時,因為環境及學業上的不適應,躲在窗簾後面偷偷掉過眼淚外,在那之後,我就不曾因遇到困難哭過,再怎麼樣我都會忍著。

到了二十幾歲,當我在工作和生活中感受到消極又不理性的情緒,例如憤怒、哀傷、沮喪時,我開始學習試著把情緒轉換成正面積極的力量,我瞭解負面情緒只會讓狀況更糟,而不能改善面臨的困難。

在求子懷孕的過程中,我和Isabelle明瞭,原來很多高齡產婦生出雙胞胎,是因為介入人工的醫療行為,也就是試管嬰兒或人工受孕。

為了增加受孕成功的機會,通常會一次處理多顆

卵子或植入兩個到四個左右的胚胎，有時一次兩個胚胎都成功，父母總會不捨放棄任何一個，在這樣狀況下，雙胞胎就成為很多高齡父母的成果。

不過，人類的子宮原本主要便是一次為一個胎兒準備，當一次有了兩個甚至兩個以上的胎兒在媽媽的肚子中，容量一定相對不夠，也就增加了小寶寶提早出生的機率，若再加上媽媽是高齡產婦，更是增加非常多風險。

雙胞胎出生後，哥哥在醫院住了一個多月，體重接近足月就出院。不過，一出生就有嚴重腦出血的妹妹則在醫院住了兩個多月才回家。

在這期間，雙胞胎做了很多項的檢查，也打了不少的針劑，只為讓寶寶可以趕快長大。在這些檢查和藥劑中，也常面臨著選擇的問題，例如要選健保給付的藥還是自費的？要採用吃藥的緩和療法還是侵入型的治療？就連Isabelle安胎時，也有不同藥劑的選擇和決定。

至於如何決定就要看個人的判斷，為了避免糾紛，醫療人員通常不會幫你決定，需要自己做出選擇，這之中該如何取捨，就考驗了父母的智慧。因為大人們的選擇，影響的不只是自己，更是日後孩子的未來。

我們只是希望
一些鼓勵

　　出生不久,我們的女兒便被診斷為周腦室白質軟化症(Periventricular Leukomalacia, PVL)。PVL的特點是腦組織軟化導致腦白質死亡。這意味在女兒腦部出血的區域,有一個乒乓球大小的結痂。

　　醫生解釋,大腦的結構性損傷是永久性的,但到底如何影響她的大腦和身體功能,以後才能確定,而因為PVL對身體造成的障礙或影響,則被稱為腦性痲痺。腦性痲痺在許多人腦海中的印象極端負面,即便心中已做好積極面對的態度,但我們希望一切在不得已的情況下,仍有最好的結果,但同時也為最壞的情況做好準備。

以當時我女兒只有二十六週又五天就出生,加上大腦兩側各自為四級和三級腦出血的數據來看,未來被診斷是最嚴重狀況的可能性非常高。不管如何,我們都準備以各種方法來協助她,減少對她生活品質的影響。

在評估女兒受傷程度的同時,醫生希望我們持續為她做一些基本治療,盡可能保持目前的狀態,這些治療包括按摩和拉伸她僵硬的右小腿肌肉。有一次在進行治療時,有位醫生帶著一群醫學生走過,我和Isabelle藉機詢問醫生目前女兒的狀況。

當醫生表示沒辦法確認我女兒未來能不能走路時,我們對於她未來很可能因為腿部肌肉控制能力發展緩慢不能行走的狀況,已有心裡準備。

不過,除此之外,我們看到女兒非常努力地做著吸吮動作,從奶瓶裡吸奶,甚至比她哥哥更專注、更有活力,心焦的我們希望能從醫生的口中尋求肯定,讓我們更有信心她會越來越好,或者至少她會保持現

在似乎擁有的肌肉控制能力。但是醫生卻表示，目前沒有發生的狀況，並不代表未來不會發生。

妻子瞪著眼睛說：「她不會失去我們看到的那些已經擁有的能力吧？」為了讓妻子平靜，我希望醫生能說明得更清楚，但他沒有給出肯定的答案，只表示，「例如今天我們有行走的能力，但這並不意味著有一天我們不會中風，這可能會使我們失去這種能力。」這個問題對Isabelle很重要，因為我們女兒的口腔肌肉控制很好，Isabelle認為她的孩子至少能避免未來需要終生戴著餵食管的命運。

從理智上來看，我能夠理解這位醫生正在指導一群醫學院的實習生，並可能需要跟他們展示不向病人家屬做出任何承諾的重要性，但在情感上，Isabelle和我都對醫生的回覆感到悲傷和擔憂。有時，我們只需要有人看著我們，告訴我們一切都會好起來的；為了有力量繼續戰鬥，我們都需要希望。

The Words of Isabelle

　　肉毒桿菌，這在醫美行業中常聽到的一種藥物名稱。對大多數女性來說，這是恢復青春的靈丹妙藥，能讓我們因為這種藥劑的幫助，暫時撫平歲月在我們臉上的痕跡。但對我來說，肉毒桿菌素帶來的不是這種表面上的虛榮，而是希望。

　　Magenta出生時，因為腦性麻痺的影響，右小腿肌肉痙攣，每走一步，她的右小腿肌肉都緊繃著，長期下來就會影響成長，造成跛行，為了盡量減緩因為肌肉緊繃造成的不舒服，她三歲開始就接受了第一次肉毒桿菌注射——這不是為了軟化皺紋，而是為了減輕她的疼痛。

啟動正面想法
轉換重心

　　醫生的保守性說明和不斷瀏覽相關病症得到的恐懼，讓我們的心情盪到谷底，於是我從網路上發現了一些故事，撫平自己內心的不安。

　　首先我找到一個出生時幾乎和我們女兒一樣狀況的女孩的故事。她的母親是一個意志堅強的女性，堅持讓孩子過著冒險的生活，努力克服每一個挑戰，享受生活帶來的驚喜。那位母親的堅定態度，是孩子能夠克服挑戰的原因。

　　這位母親相信某些原則並執行。她相信母乳能幫助寶寶建立強大的免疫力，還相信寶寶多爬行有助於肢體發展。那位母親讓孩子探索各種環境，讓她充滿

好奇並敢於冒險，讓她覺得自己與周圍其他孩子沒有什麼不同，也讓周遭人這樣認為。

人們看到的唯一明顯區別，可能是女孩右腳上使她的腳踝保持九十度角的特製金屬鞋，那是由於腦性麻痺，無力的腳踝迫使她保持著腳趾朝下成芭蕾舞姿，穿特珠的鞋子有助於固定腳掌並訓練她的腳和大腦協調能力。這個女孩會爬樹，也會做其他孩子會做的所有事情，有時甚至比她的玩伴更強壯和敏捷。

我還在YouTube找到一個男孩因為癌症不得不摘除眼球的紀錄片。這個男孩在失明前的童年時期有視力，所以腦海裡充滿曾看過的事物影像。失去視覺時，他仍然擁有對於那些影像的生動想像力，在想像力與敏銳的聽覺結合下，能夠使用迴聲定位，就像蝙蝠在黑暗中導航一樣。

更令人驚訝的是，他能在人們經視覺檢測到潛在危險之前，就經由聽覺預先檢測到。某次他在騎自行車，有採訪者提到「在交通擁擠的街道上騎行的危險

性」。他自信地說,事實上他比其他孩子騎在那條街上更安全,因為在其他孩子看到車過來前,他已經先聽到車行駛過來的聲音了。

　　我又讀到一篇殘疾女運動員的文章,她說沒有障礙這回事,只是社會不是為了某些人的方便而建立的。如果世界是為十五英呎高的巨人建造,那麼那個世界的一切設施,包括桌、椅等,對於今天的人類來說都是遙不可及。如果汽車是為三隻手臂的人設計,那麼所有兩隻手臂的人在使用這些汽車時都會覺得有障礙,因為必須使用牙齒或是其他部位來操控為第三隻手臂所設計的額外控制桿。

　　這樣跳脫又不一樣的想法,提醒了我不能以狹隘的眼光看待身處的世界,世界到底該是什麼樣貌,可以由自己定義。

　　我回想十八歲時,在一次滑雪事故中受傷,造成日後肩膀很容易脫臼,有一次在游泳池派對活動中差點因此淹死,還有一次則是在單人跳傘活動,我試圖

解開降落傘時突然脫臼,後來勉強靠著一隻手解救了自己。

在治療肩膀的手術中,我的手臂被植入四根鈦金屬鋼釘,幫我治療的醫生曾經為奧運選手做過手術,我知道很多選手在他的醫治復健下,術後不但可以再次參賽,還能再次奪得金牌。我請醫生對我的要求,跟對那些選手一樣。

之後我參加了一位前奧運選手在阿根廷舉辦的密集滑雪訓練營,我用單手滑雪,另一隻手臂繫著安全帶固定,經由訓練成為一名更好的滑雪者,後來甚至在比賽中贏得銀牌,突破只能使用一隻手的局限。

這些例子和經驗讓我確信,只要能訓練我女兒在腿上使用替代肌肉來補償小腿肌肉,要生活得如同一個正常人絕不是不可能,後來我帶著她走過數十個國家也證明,這樣的想法和做法是正確的。

袋鼠式護理
帶來的奇蹟

　　我女兒和兒子小到我可以把他們任何一個放進我的西裝側邊口袋,就像是「Pocket Baby」,這也是為什麼早產兒會被稱為「巴掌仙子」了。

　　我女兒和兒子在子宮中突然被帶到現實環境中,迎接他們的不是一種安全的感受,而是一群為了搶救他們生命的蒙面陌生人、各種機器發出的聲音、各種維生器材的管線和設備等。

　　不同於足月的嬰兒,沒辦法一出生就躺在媽媽的手臂,跟母親有最親密的接觸。為了緩減早產兒的不安情緒、促進他們的生長激素、保護他們腦部神經的發育,還有促進親子關係等因素。如果生命徵象穩

定，包括心跳、血氧、呼吸等，就可以執行所謂的袋鼠式護理。

我女兒除了有腦麻，也有水腦（Hydrocephalus）的風險，但在生命徵象上還算穩定，因此護理師把她抱出保溫箱很多次，在她們的協助下，讓我和Isabelle可以抱著女兒，皮膚貼著皮膚，進行袋鼠式護理。

相對於我女兒，由於兒子的生命徵象不夠穩定，加上有呼吸中止的症狀，護理人員不願意讓他離開保溫箱，以免他的生命受到更大的威脅。不過，Isabelle看著兒子虛弱又難過地躺在保溫箱中，無力又孤獨，她覺得兒子需要愛，需要感受到媽媽的存在。

Isabelle決定不再等待，她看到女兒因為袋鼠式護理的變化，她堅信這個方法將有助於她的兒子，讓孩子原本不安的心靈有個依靠和歸屬。於是她以堅定的信心，懇求護理人員重新考慮讓兒子執行袋鼠式護理，她承諾會做好一切防護和準備，包括消毒皮膚、戴上口罩、穿上防護衣等，也承諾不會動到任何的管

線,即便為了維持孩子身上的管線,她必須以不舒服的姿勢執行袋鼠式護理。

在不斷地懇求下,護理人員最終還是心軟了,在嚴密的監護下,護理師小心翼翼地拉起我兒子身上的管線以免鬆脫,並把他抱出保溫箱進行袋鼠式護理。

一開始,監測我兒子生命徵象的儀器大聲地發出警報聲,因為他的氧氣含量下降,護理師緊張地確認是否有任何問題。Isabelle仍很冷靜地抱著孩子,將他牢牢地放在自己身上,並輕輕地跟他說,「不要怕,媽咪來了。」過了幾分鐘,他的氧氣飽和度穩定下來,心跳變快了,緊繃的身體也似乎慢慢地放鬆,一直放聲大響的警報器也停止了。

神奇的事情發生了,原本我兒子在保溫箱中看來一直緊繃的臉放鬆了、皺著的眉頭也舒緩了,還有緊閉的嘴唇也慢慢地張開,整個人似乎都鬆了一口氣,一種「我總算回到家」的安心感。看到這個變化,Isabelle流下了眼淚,旁邊的護理師們也被感動並鬆了

一口氣。

　　那一刻我們更確認袋鼠式護理對早產兒來說，是一種看不見的心藥，它不僅僅是為了穩定生命的徵象並有助發育，而是讓早產兒能夠經由跟父母的親密接觸，獲得那些保溫箱、呼吸器或是各種藥物都無法達到，人類對於愛和歸屬感的需求。

　　我們的孩子雖然身體脆弱，但內在靈魂卻是堅強的，我們經由擁抱他們的手臂和身體的溫度，以及因為身體貼著身體一起感受到的心跳，讓孩子感受到他們並不孤單，我們就在身邊。

兒子，
你要好好照顧自己

　　保溫箱中的一些嬰兒看起來很虛弱，甚至毫無生氣，加上身上有很多為了測量生命跡象的管線，使他們沒辦法輕易移動。不過，雙胞胎剛出生不久，非常迷你的他們就用力的拳打腳踢，像在抗議醫護人員在他們手臂上放置靜脈注射針頭，以及貼在身體上的感應器，尤其是我的兒子。

　　看著兒子在有限的範圍內移動手臂時，我發現他逐漸伸展自己的觸及範圍。有一次，他不經意地輕推了空氣管，後來我注意到他開始越來越用力地推動它。

　　直到有一天，他用比之前更大的弧度揮動手臂，

管子便從鼻子掉出，我相信當下他應該覺得原本在鼻子裡的管子被拉出來更舒服；試想，如果我們的鼻子上有管子，我們也會想把它們推開。

像武術家訓練一樣，我兒子每次練習這個動作都變得更強壯、更熟練，於是他開始更頻繁地揮動手臂把管子推出。有一天，在一小時內，他將管子推出二十三次，我不斷地把管子放回去。

那天我身體不太舒服，有點頭暈，加上前一晚只睡了兩個小時的疲倦，當每隔幾分鐘就得把管子放回他的鼻子後，我得出的結論是，我沒辦法整晚都這樣做，即使我想，那天晚上我也不能再「救」他了，因為新生兒加護病房的探視時間已經結束。

我決定與兒子達成協議——在精神上就是這樣。我對我的小寶貝說：「馬蒂（暱稱），你現在得靠自己，我相信你會變得更加強大以度過難關。你必須這樣做，因為我不能永遠保護你。」我和兒子的談話就像是自言自語。

我必須相信醫院的規程，我知道當空氣管脫落時，並不一定構成緊急情況，除非他暫停呼吸。但即使如此，當呼吸、血氧、心率和其他生命徵像出現異常時，監視器會提醒護士，當達到危險級別時，警報會響起。

　　事實上，父母總是希望孩子能更強大並懂得保護自己，而父母能夠做的就是盡最大努力，讓孩子做好離開巢穴的準備，並相信他們可以做得到。那天晚上，我瞭解自己不可能無所不在，需要放手，當我不在這裡看護兒子時，會有護理師二十四小時值班。

　　我聽說有些癱瘓的人曾被告知再也不能走路，但後來在努力不懈下，有些人再度能夠行動，並且一點一點地更強大。幾個月後，我的雙胞胎證明了他們也具備這樣的戰鬥力，快速地復原並茁壯。

未來不可測，
只能隨時做好準備

英文有句諺語，「我們躲過了那顆子彈。」這是當我和Isabelle聽到女兒被診斷出是最輕度的腦性麻痺時，腦海中閃過的念頭。這聽起來不是一個好消息，甚至可說是個壞消息，但對我們來說，卻是壞消息中的好消息。

我們的女兒剛出生不久，醫生就宣告她有周腦室白質軟化症，只是不能確定程度有多嚴重。經過多項評估後，醫生確認她的腦性麻痺程度屬於最輕微的層級，這不但讓我們鬆了一口氣，也讓我們充滿了希望。

每個人結婚時，都希望能有一場完美的婚禮，任何父母在知道自己將有寶寶時，都希望能擁有一個完

美的孩子，不論外表或個性等各方面。不過其實每個人都知道完美並不存在，但大多數人還是都汲汲營營地追求著難以捉摸的完美。

蘋果電腦創辦人史蒂夫・賈伯斯（Steve Jobs）從產品和包裝方式等各方面都堅持近乎完美的客戶體驗。然而什麼是完美？不論設想多麼仔細，打開包裝總是會有破損，全新的閃亮手機在使用過程中難免會被劃傷，留給我們的都只是瞬間完美的回憶。

或許把嬰兒跟iPhone相比並不適合，但就算是生為萬物之靈的人，也會逐漸從生活中得到「戰鬥的傷痕」，而那些經歷過的回憶也會更珍貴。我們的頭腦知道其中的邏輯，但內心總是過不去，因為生活中讓人感到困難或窒息的狀況，最難承受的往往是不確定性，未知會產生壓力，壓力會累積，進而在情感上對我們產生影響，而這些影響卻很難量化或描述，但就是深深地衝擊著我們的心情。

早年我在美國的飯店工作時，有一位高階主管讓

我印象深刻並佩服。他不但能力出眾，外表英俊挺拔，還有一個漂亮的妻子，不清楚的人可能很羨慕他有出眾的外表、良好的工作和美滿的家庭，但其實他有一個不良於行的女兒。

他和妻子不但投注所有身心照顧女兒，把女兒的需求放在第一位，而且即便在外人眼中，他的女兒可能是不完美的，他卻以自己的女兒自豪，並以這樣的心態教養她，要她成長為一個自信的人，這也是讓我最欽佩的部分。我期許自己也能成為像他一樣的父親，支持著女兒迎接生命中的各種挑戰。

我和Isabelle早有共識，如果診斷結果不樂觀，我們都會盡己所能，做好戰鬥的準備。我們在網路上做了很多的資料收集和研究，以便瞭解哪些組織可以幫助我們的女兒。

我們找到一間位於美國東部、專門診療腦性麻痺患者的診所，特別的是，那個診所的創辦人就是由一位本身是腦性麻痺患者的醫生創立。由於他自己本身

就是患者,身為醫生的他,將自己所有精力與研究都花費在腦性麻痺的診治,除了希望幫助自己,也能幫助類似情況的患者。

當我們知道有這樣一個診所和案例時很高興,瞭解即使之後我們女兒被診斷為嚴重的腦性麻痺,還是可以有非常專業的專家資源可以協助,如果有必要,我們願意搬遷到那裡,以便協助她的治療。

這醫生的例子也讓我們知道,即便是一個腦性麻痺患者,還是有機會在學術和專業上茁壯成長,這讓我們充滿希望。我們知道,無論最終診斷的嚴重程度如何,只要相信並一起努力,我們的女兒仍然可以過著有意義和成功的生活,就如同這位醫生。

當我們獲知女兒屬於輕度的腦性麻痺時,我們預想可能發生的最嚴重狀況似乎暫時解除了,我們心懷感激,Isabelle和我走到附近公園的長椅上坐下,雙胞胎就睡在嬰兒車裡。

大約有差不多二十分鐘的時間,我們沒有說話,

只是坐在那裡,感受著舒緩的風吹拂著我們的臉龐,感到一種輕鬆的感覺,就像肩上的擔子被卸下了。

The Words of Isabelle

我們的女兒出生時，身體有嚴重的瘀傷。在她的皮膚表面，深紅色和棕色的瘀傷很明顯，不過大腦的出血狀況卻難以預估。醫生每天都會測量她的頭圍，因為她也有腦積水的危險。雖然後來避過了水腦症的問題，但另一方面，她則被確認會有腦性麻痺，嚴重狀況還不明朗。

我找了很多相關的紀錄片，看到那些腦性麻痺的人坐在輪椅上，做什麼事都需要別人協助，甚至無法控制自己的身體，這些影片讓我難以控制淚水。

醫生告知我要耐心等待各項的評估數據，要有最好的期望，但是要為最壞的情況做好準備。

讓我得到救贖的
「幻影護理師」

雙胞胎出生一個月左右,我度過某個印象深刻又緊張的一天。

最開始的壓力來自於我的妻子Isabelle。不同於西方人生產完幾天就照常生活工作的習慣,臺灣人有坐月子的習俗。那天,因為她覺得我不瞭解一個母親坐月子的重要性和該做的事情而不開心。

我理解因為剖腹產的傷口,讓她即便做出伸手拿杯子這麼簡單的輕微動作,也會感到劇烈的疼痛。我能盡量以同理心去感受她的痛苦,可是坐月子的種種習俗,例如不能用沒煮開的水洗手、洗澡,不能吃哪些食物,要多吃什麼食物等細節,對我這樣一個外國

人來說，實在太複雜，一直達不到妻子的要求標準。

身體上的疼痛，讓一向好脾氣的Isabelle無法控制不耐煩和生氣，不斷地表現出皺眉的表情和痛苦的聲音，以及對我的不滿。

在那樣的情況下，我只能安慰自己，可能所有新手爸爸都面臨同樣的境遇，我並不孤單。

除了在家裡照顧妻子的不順利，那天在工作上也充滿了壓力和不順。有一個理論叫做「莫非定律」，大概的概念是「只要是可能會出錯的事就一定會出錯，無論如何避免」，那一天，莫非定律的概念成為真實的情況，各種工作業務上的狀況層出不窮。

處理好接連不斷的工作狀況，再加上一早照顧妻子的壓力，下午前往醫院看望孩子時，我頭頂上籠罩著大半天積壓的「烏雲」。看到孩子時，在保溫箱中的他們看起來也不怎麼開心，兒子一副不高興的樣子，女兒則是一直在哭。

我在保溫箱外看著她，輕聲的安慰她，但沒有任

何作用，於是我消毒了雙手，輕輕地拍拍她；如果不是因為早產，她現在應該在媽媽的子宮裡享受著安全感，當她不安，有時我的安撫會有些效用，但這次沒有作用，不論哼歌給她聽或是拍拍她，握握她的小手，她仍是不斷地哭泣。

　　過了一會兒，一群穿著白色外袍的年輕人進來，我從來沒見過這些人。一名護理師抱起我不斷哭泣的女兒，並把她遞給那些年輕人之一，那年輕人的臉上充滿驚慌又不知所措的表情。

　　因為突如其來接手了我的女兒，看得出他試圖想要好好抱著她，但顯然他可能沒有類似經驗，所以用一種僵硬又不自然的角度，結果我的女兒哭得更大聲、更歇斯底里了。

　　我感受到我的女兒不舒服卻無能為力，這讓我很沮喪。不久，我看到有著一頭大捲髮，踩著輕快腳步、穿著白色護理師服的護理師走近我的女兒。戴著口罩的她，看得出有化妝，我心裡想，可能稍晚她打

算去參加一個聚會吧。她嘴裡唸著我女兒的中文名字「念玫、念玫」，同時靠近她的保溫箱旁。

在經歷一整天烏雲的狀況下，這一幕就像是吳宇森電影中的場景，護理師的一舉一動都像是慢動作，她的大捲髮隨著每踏出一腳步就輕輕地彈起，戴著口罩的她，就像是電影裡神祕的蒙面女主角，我認為唯一缺少的只有吳宇森電影手法中必不可少的白鴿和火焰了。

她靠近我的女兒後，對著她說：「怎麼了啊？」並自信地以如少林功夫般的優雅動作，把我的女兒移到懷中並安撫，讓孩子暫時停止了哭泣，原本都是淚水的臉上，多了一絲笑容。

但她把我的女兒再度放回保溫箱時，孩子又哭起來，接著她把孩子原本側躺的位置轉到另一側，神奇的是，我的女兒立刻停止了哭泣。然後那位護理師用一種略帶戲謔的娃娃音說，「喔，原來妳想要這樣啊！」

從那天起，我的腦海中就產生一個形象，一個超現實幻境中的人物，我稱她為「幻影護理師」——一個神祕的人物。我從來沒有看過她真實的樣貌，也從來沒問過她的名字，甚至再也沒有見過她。

　　那位護理師就這麼緩解了我和孩子那天的沉悶情緒，讓我又有了希望，也讓我親眼看到如何自信又溫柔地對待嬰兒。

　　在我心裡，那位「幻影護理師」代表了所有戴著口罩、蒙面的無名護理人員，因為他們的努力，包括出於愛憐地摸摸早產兒的小腦袋，或者在他們不舒服的時候，耐心地給予更多溫柔，緩解他們的不適，讓他們能夠慢慢適應並進入這個他們原本還沒準備好的新世界。

有史以來最好的
生日禮物

孩子剛出生的時候,我們都被剝奪了可以與他們進行身體互動的機會,因為不能像一般足月的孩子一樣抱著他們,讓我們感到很沮喪。不過據科學家指出,相較於大人的失落,嬰兒在誕生最初缺乏跟父母的親密接觸機會,損失更大。

由於只能在有限的場合和雙胞胎有溫馨的實質性接觸,我們鼓勵自己要懂得延遲滿足的藝術,同時期待雙胞胎可以出院時,我們就有機會親吻他們一百次。

為了寶寶能夠順利出院,新生兒加護病房非常努力地讓他們合乎出院的標準,包括體重、心跳、呼吸

等各項目。為了增加足夠的體重，護理師們一邊餵奶一邊逗他開心，鼓勵他們多喝些奶。

總算經過一個月左右的努力，護理師們成功地讓我兒子變胖了，他的臉頰看起來又圓又紅，達到所有醫院要求的健康標準，那天是二〇一一年四月七日，正好是我的四十八歲生日。

對於兒子回家，我們非常開心也夾雜著憂慮。當他被允許回家時，確實已經達到醫院要求的體重，但體型仍然比足月嬰兒小，儘管臉頰胖嘟嘟的，雙胞胎的脆弱形象卻深深地印在我們的腦海裡，擔心出現任何失誤，他們就會像樹枝一樣被折斷。我相信所有第一次當爸媽的新手父母都會如此緊張，更何況我們的孩子比一般的嬰兒看起來更弱不禁風。

當Isabelle的弟弟和弟妹問要給孩子買什麼禮物時，我們表示最好的禮物就是他們能夠親自開車帶我們回家。由於我們沒有車，又擔心可能會遇到一個不耐煩的司機，不但催促我們上下車，開車時還會橫衝

CHAPTER ② ——— 倒吃甘蔗的幸福　125

直撞,而讓我們不想搭計程車。雖然知道自己的擔心是多餘的,還是忍不住擔憂。

這樣的心態不禁讓我想起喜劇電影中的某些角色,他們曾經享受過危險的快感,騎著摩托車在高速公路上高速行駛,無憂無慮。然後當電影切換到他們成為父母時,他們轉而像一個保守的政府工作人員,不再像一對尋求冒險的夫婦。

當孩子生病,丈夫抱著孩子穿過醫院大廳時,會大聲尖叫「孩子過來了,讓路」,以便妻子和孩子的通道不受阻礙;在他們到達人行道時,丈夫會責罵那些開車太靠近路邊的司機。

好吧,或許我們沒有那麼神經質,但在回家的路上,Isabelle確實請她的家人要開慢一點,轉彎時不要那麼咄咄逼人,擔心突然的動作不小心造成嬰兒的不適,或者寶寶頸部扭傷的嚴重狀況。

那天回家後,Isabelle在兒子的額頭上用緞帶綁了一個蝴蝶結送給我。

在年輕的時候，像大多數人一樣，我想要包裝精美又有價值的禮物。隨著年齡的增長，昂貴的禮物不再讓我感到興奮。相對地，具有意義或象徵的禮物反而成為我所珍惜的。

　　那天將永遠銘刻在我的記憶中，因為那是我收到最好的禮物的一天。

　　就如我們所期待的，當雙胞胎回到家時，我們履行了親吻他們一百次的諾言，並且發現連續親吻他們是那麼的美好和幸福，這種相愛的互動行為讓我們的身心都深感悸動。最初，親吻一百次可能似乎是一個誇張的數字，但對於這遲來的回報，即便一千次親吻也不誇張。

意外的悲劇，
母親和弟弟的突然離世

「生是一個開始，死是歸宿，但生命是一段旅程，是神聖的朝聖，一步一步，從生到死，到永生。」（Birth it's a beginning, and death destinations, but life is a journey, is sacred pilgrimage, made stage by stage, from birth to death, to life everlasting.）在聽到這句出自《新聯合祈禱書》（*New Union Prayer Book*）句子時，我正面臨一場突如其來的家庭悲劇，而這句話支撐著我度過那段非常艱困沮喪的時光。

就在雙胞胎快滿十個月，對他們能否生存下來的擔憂和壓力慢慢減輕時，另一場出乎意料的悲劇卻降臨在我的家人身上。

在一次意外的事故中,我的母親和弟弟都失去了他們的生命,我的父親則被送往急診室,等待接受手術的治療。這讓人措手不及的噩耗,讓當時在臺灣的我,不得不立刻安排看護幫助Isabelle照顧兩個孩子,我則立即從臺灣飛往美國處理問題。

這件事不但發生得突然,更讓人非常震驚,但我沒有時間為失去母親和弟弟悲傷,或思考為什麼會發生。我必須先處理好自己的情緒,才能安慰其他家人並處理後續的喪葬事宜。

更重要的是,我必須到醫院照顧當時已高齡七十八歲的父親進行後續的手術治療。對父親而言,母親和弟弟的突然死亡,帶給他的心理創傷所造成的影響,遠遠大於他身體上的傷痛。

難以言喻的巧合

雙胞胎剛出生時,醫生都無法保證懷孕週數這麼

少的他們,能否在一關又一關的挑戰中倖存下來。

當我連續聽到兩個早產兒的懷孕週數都比我們雙胞胎的時間長,最終還是沒有撐過難關而過世的消息時,確實動搖了我的信心。

那兩個過世的孩子,一個是因為肺部併發症去世,另一個則是因腸道手術後感染而去世。就在那一刻,我在心裡與宇宙交易,我內心祈禱著:「如果這個宇宙存在一種力量,不管需要什麼,請讓我的孩子們活著!」

當面臨母親和弟弟突如其來的意外時,我注意到這對雙胞胎和我去世的弟弟是同月同日生,都是一月二十二日出生的。另外,在雙胞胎的出生證明上,他們被列為相隔兩分鐘出生;而在我母親和弟弟的死亡證明上,死亡宣告間隔的時間,也是被標示著兩分鐘。

人類在面臨悲劇和不確定的狀況時,會傾向為發生的事情尋找意義和原因。或許相同的生日和「相隔兩分鐘」只是巧合,但對一些比較迷信的長輩來說,

一切的發生都有原因，而且生活中的所有事件、過去、現在和未來，冥冥中都存在著某種宇宙聯繫。

有那麼瞬間，我曾片刻想到是否自己心裡的願望產生了力量，因為我祈求宇宙讓孩子們活著。如果宇宙應允了我的希求，有什麼後果嗎？

難道我做了一個「與魔鬼打交道」的行為嗎？因為孩子順利成長的同時，我卻失去了家族的兩個成員。

對於相信宗教力量的人來說，所有令人困惑的情況都可以用「上帝以神祕的方式工作」的想法來解釋。因此，我之所以失去兩個家庭成員，一個母親和一個弟弟，一男一女，他們相隔兩分鐘死去，難道是為了要拯救兩個年輕的生命，一男一女，出生時間相隔兩分鐘嗎？

我不確定，充滿了矛盾的感受，內心更不斷翻騰著這些自我的省問。

是救贖還是悲劇？

有些朋友出於好意會安慰我，媽媽和弟弟的離去雖然讓人心痛，但對他們可能反而是一種解脫。他們會這樣說，是因為我的弟弟在即將大學畢業時，罹患了精神疾病，從那時到他去世為止，他已經持續接受藥物治療二十多年，若說他的生活並不開心，一點也不為過。更糟糕的是，在弟弟生病前，我的姊姊在二十出頭時，精神方面也同樣發生狀況。

因為兩個孩子都患有同樣難以控制、難以治癒的疾病，對我的母親而言，她遭受到的是雙重的痛苦，母親在世前曾說過，只要她的孩子們還病著，她就不會感到幸福。這是母親對孩子產生的自責感，就像Isabelle在還不確定雙胞胎是否能平安長大產生的愧疚一樣。

對我母親來說，她不可能獲得一個圓滿的結局，因為從醫學上來看，我的姊姊和弟弟並不能完全治

癒,就像我女兒的腦損傷一樣。因此母親和弟弟的離去,反而能讓他們從痛苦中解脫,這樣的說法成為親友們安慰我的一種方式,也讓他們在悲傷之餘還能獲得一些安慰。

除了「解脫、再生」的想法外,也有人提出類似「解厄」的說法。有位好朋友曾經跟我與Isabelle分享在中國傳統習俗中,關於玉鐲不小心摔斷是為了避禍的說法。

他有個親人曾經因為摔倒而弄壞新手機並受傷,需要拍X光片檢查是否造成骨折,沒想到檢查後沒發現骨折的問題,卻意外發現其他疾病需要手術治療。如果不是因為跌倒發現身體狀況,一旦拖到未來不舒服才檢查並發現,可能就會危及生命。

朋友表示,他親人手機的意外摔壞就像打破玉手鐲的警示,是為了阻止發生更大的悲劇。因此這位朋友認為是我的母親和弟弟做出了最大的犧牲,以確保我的孩子們能夠安全地度過一生。

不管我們的宗教信仰是否相同,但他提到的這件事不禁讓我感到毛骨悚然。在弟弟治病的這些年裡,他會殷勤溫柔地幫助母親整理家務,或是幫她到市場搬運雜貨。因此Isabelle和我本來打算未來回美國時,要讓我這個溫柔善良又聰明體貼的弟弟幫忙照顧雙胞胎。

由於弟弟的疾病出現變化,造成母親和弟弟的意外過世,所以我們並沒有機會執行這個計畫,但若不是這起意外,我們很可能會執行原有的計畫,在這樣的狀況下,那也代表著我們的孩子會因為弟弟難以預計的突發狀況,而以某種形式處於危險之中。

生命的延續和傳承

那一陣子,每當晚上我搖著嬰兒床以安撫雙胞胎入睡時,經由嬰兒床旁邊微弱的夜燈,我仔細觀察他們的臉孔,常會感到脊背一陣刺痛與內心的酸澀。我

看到女兒明顯的下顎骨跟母親如此相似，而兒子的髮際線也如同我弟弟一般非常高聳，因此他們的額頭都特別的突出和寬厚。

從表面來看，母親和弟弟的部分基因似乎藉由新一代的重生繼續保留下來。從精神面向來看，這樣的類似與巧合對我也產生某些安慰作用，我會想像母親和弟弟受折磨的靈魂已經平靜，並且可能以某種神祕的方式重生，同時讓我的孩子過上更好的生活。

我許多朋友都受過高等教育，有醫生、教授，也有律師，但只要他們有宗教信仰或有研究哲學，他們就可理解我這種想法，相信生命不僅僅是身體的存在，也超越了時間和空間，然而對那些沒有任何宗教信仰或認為哲學是空談的人來說，我這些想法就只是一種因悲傷而造成的走火入魔現象。

然而不論如何，重新關注現實，解決當下的迫切需要才是最重要的。這場意外除了失去親人的悲痛外，更在我心底留下一個遺憾，我再也沒機會像最初

計畫的,讓母親飛來臺灣見她的第一個孫子和孫女。在有名的《阿甘正傳》(Forrest Gump)電影中,阿甘的母親曾說過一句話:「人生有如一盒巧克力,你永遠不知道將嚐到哪種口味。」(Life was like a box of chocolates. You never know what you're gonna get.)

　　這突然的意外讓我更體會到人生的無常,不管是誰都永遠不知道下一秒會發生什麼事!我不想再犯同樣錯誤,也不想再有這種遺憾。父親復原後,我說服父親跟我回臺灣看望孫子、孫女,我相信孩子們強大的新生力量可以盡快幫助父親平復受創悲傷的心靈。

　　帶爸爸去臺灣見寶寶是個明智的選擇,嬰兒的天真和純潔是幫助父親和我治癒悲傷情緒的力量。孩子新生的力量提醒我們,無論過去有多麼艱難,儘管發生了所有的戲劇性事件,無論是好是壞,還是有人幫助我們度過,讓我們能夠在生活中走得更遠。

　　因此我們這些成年人有責任給予新生命同樣公平的機會,輪到新生兒開始他們的生活。這也是所有生

命存在的永恆法則,讓他們能夠踏上這段光榮的人生旅程,因為他們也會為下一代做同樣的事情。

中英文名字的
靈感來源

關於雙胞胎的名字，在我和Isabelle協議後決定，我負責他們的英文名字，而Isabelle則負責中文。

大自然中繽紛又多樣的色彩，包括充滿活力、欣欣向榮、精緻又美麗的各種花卉，炫目耀眼又堅硬的寶石，這一切都深深吸引著我，這些視覺上的豐富與多樣，成為我在為雙胞胎找尋適合的英文名字時的靈感。

我希望他們的名字能像大自然的顏色一樣，生動而大膽，於是我從像Blue（藍）和Pink（粉紅）這樣的單音節詞開始找起。Blue讓我聯想到有「Ol' Blue Eyes」之稱的西方傳奇歌手辛納屈（Frank Sinatra），

而Pink則讓人想到那位個性鮮明的女歌手艾蕾莎·摩兒（Alecia Beth Moore）。但另一方面，卻好像又代表了些離經叛道的感覺。

我希望能找到更深層次的意象，以及唸起來更豐富、更好聽的音節，於是我找到了Magenta——三個音節，獨特又罕見，唸起來有一種大膽又神祕，像是一種變色龍的感覺。Magenta代表玫瑰粉、洋紅色，一種既美麗又充滿神祕感的顏色。

決定了Magenta的名字之後，我開始思索她的雙胞胎哥哥名字。我搜尋所有顏色的光譜，最後找到了Amethyst（紫水晶）——一個來自於紫色水晶的名字，閃耀著高貴的光芒，既象徵水瓶座，也是一種優雅又富含智慧的寶石。對我來說，紫水晶代表著力量與寧靜融為一體。

Magenta和Amethyst——當我深入思考這兩個名字時，看到了這兩個顏色和名字間隱藏的巧妙聯繫。洋紅色與藍色相遇，恰巧構成類似紫水晶般的色彩。

對我來說，他們的名字不僅僅是顏色，更代表頻率上的協調與和諧。他們的名字成為雙胞胎身分的第一個代表性意義，並將他們的個性和共同精神藉由名字更佳具體化呈現。雙胞胎的人生由此展開，我期許他們未來能如這兩個名字一般，生動、獨特，且彼此緊密相連。

完成英文名字的發想和決定，接下來就是中文名字的命名了。Isabelle在中文方面有很棒的專業知識，這也是為什麼她翻譯過十幾本書。而且她對中文用字有強烈的個人意見，加上她生產後身體還未復原，在這樣的狀況下，容易不開心，她不會採用我這樣不懂中文的人的建議。

在各種考量下，我們決定由她全權負責孩子們的中文名字命名。但我希望她取的中文名字能跟英文名字有些關聯，不論在發音上有相近，或是意義上有類似含意都可以。

她接納了我的意見，於是用英文名的第一個發音

作為中文名字最後一個字的發音。我兒子的英文名是Amethyst，第一個字的發音Am，就要找一個類似發音的中文字，女兒的Magenta，則想要找一個跟Ma的發音相近的中文字，不論是發音「ㄇㄚ」或是「ㄇㄟ」都可以。至於他們名字中間的字都是「念」，這代表了諸多的含意，包含了想念與感念。

Am的發音我們用了「安」這個字，我覺得很好，所以哥哥的中文名字就決定是胡念安。但是Ma的選字就沒有這麼順利了。

一開始，Isabelle給她取名為胡念「瑪」，以便與Ma相搭配。我說不出真正的理由反對這個名字，只是在我看來，這個名字就是聽起來有點不對勁。我想是因為一聽到這個名字，我腦海中浮現的就是一匹馬的畫面，接下來就是聯想到我曾經聽親戚稱一位新聞主播為「馬臉」，因為她的臉型很長，雖然我很喜歡馬，也認為馬是一種有威嚴的生物，但這不是我們想要給女兒的形象。

我跟Isabelle提出了疑慮，但她怪我不懂中文字的文化，並告訴我這是「瑪」，不是「馬」，「瑪」代表一種寶石，就像珍貴的瑪瑙石。我有一副非常昂貴又特別的瑪瑙袖扣，於是我開始將這個詞聯想到瑪瑙石的優雅和精緻。

不過我還是問Isabelle為什麼不選擇發音「ㄇㄟ」的字，例如梅花的「梅」，或許有人可能會覺得我的想法有點性別不公，但我認為對於女孩子而言，花卉所代表的柔軟和美麗可能比堅硬的石頭更好，儘管瑪瑙很優雅。

然而，家人告訴Isabelle「胡念梅」的名字筆畫不好、不吉祥，雖然Isabelle不是迷信的人，但聽到家人的建議，她覺得寧可信其有，不可信其無，遵循這些「求取好運」的習俗沒有什麼壞處，以免給孩子的生活帶來惡運，畢竟他們出生時已經面臨過很多的艱辛。

既然「梅」不可用，我就拚命在腦海中搜尋另外

的代替字,想到另一個相似發音的字「美」。她的家人說,這個字的筆畫是中性的,既不代表壞運氣,也不代表好運氣。

我知道後表示太好了,雖然這個字不是花,但仍是一個代表美麗的詞,也沒有不吉祥。我覺得這樣已經很完美,並試圖說服Isabelle接受「胡念美」這個名字,但Isabelle表示,「不!為什麼要選擇一個中性的名字,我可以選擇一個有好運氣又有能量的字,像是『瑪』。」

我嘗試著想要繼續尋找其他選擇,Isabelle很不高興地說,「我已經整個晚上都在想這個問題,我們女兒的名字就是用胡念瑪。而且你取他們的英文名字時,我也沒有干涉。」

我不得不接受她的抱怨和結論,直到她的弟弟和妹婿來了,聽到她想為女兒取名為「胡念瑪」時,驚訝地說,「什麼!」並表示這名字讓他們立即聯想到有些輕蔑女子的男性會把女性稱為「馬子」。

為了有更好的選擇，她弟弟馬上搜索各種替代方案，讓我們驚喜的是，他很快就找到一個我們沒有想到的字——玫瑰的「玫」。這可能是一種主觀的評價，但我認為在花卉中，玫瑰擁有崇高的地位。

接下來就是評估筆畫是否合適了，在他們計算筆畫的吉凶時，我屏住了呼吸。「賓果！」她弟妹大叫，這名字筆畫很吉祥，不論含意或是筆畫數都非常適合，而玫瑰的品種裡也有洋紅色，正好也是我女兒英文名字Magenta的其中一個中文含意。

雖然一開始很多波折，事情終究還是解決了。我妻子喜歡這個名字並接受，我們兩個總算有了共識，這讓我鬆了一口氣。也因為這些安排，我們女兒的名字將永遠跟美麗的玫瑰有所聯繫，而不是一匹馬。

從母奶到便便，
早產兒的民生大事

在目睹另一個嬰兒可能因為缺乏免疫力，無法抵抗感染而需要緊急心肺復甦術，我們對衛生問題幾乎變得神經，所有與孩子接觸的東西，不是要用酒精擦拭過，就是拿去煮沸消毒。有一次我甚至要把一個玩偶娃娃丟進鍋裡煮沸消毒，但Isabelle覺得這樣很奇怪，後來才改用酒精消毒，以避免細菌接觸到孩子。

此外，由於母乳所含的營養能幾乎被孩子完全吸收，對消化系統大有益處，更能增加嬰兒的免疫力，因此Isabelle加倍努力保持她的「母乳生產流水線」運轉良好。她不僅把這項任務當成使命，而是一種癡迷，她希望確保寶寶在關鍵的發育階段，能獲得最高

品質的母乳。

一開始，Isabelle的奶量供應不足時，她在網上搜索捐贈母乳者。她一一跟捐獻者面談，研究她們的背景，甚至拜訪對方的家。確定捐贈者有健康的生活方式、一塵不染的廚房和清潔衛生的冰箱後，最終確定了一位讓她安心的捐贈者。

同時間，她也努力「造奶」，剛開始她一次只擠出幾滴，只能裝滿一小罐的試管，當寶寶食量增加，需要更多母奶的壓力就更大了。我建議她試試我買的兩款擠奶器，但她拒絕，跟我說：「你是男人，不明白使用擠奶器有多痛苦。」因此就算耗費時間和精神，她還是繼續以手動方式擠奶，決心想辦法為雙胞胎提供足量又有營養的母奶。

有一天，我注意到一個變化。她沒有表現出皺眉或痛苦疲累的樣子，而是微笑著說：「我找到了生命之泉，它能像噴泉一樣的噴出來。」她發現了擠奶的正確節奏、力道和角度，乳汁以非常快速又大量的方式

流出來，誇張地說，母奶的產量像是瞬間增加幾十倍，我和Isabelle都對這個成果感到激動不已又開心。

由於雙胞胎還太脆弱，無法直接哺乳，因此Isabelle創建了一條高效的「母乳流水線」：乾淨的工作空間、消毒過的瓶子和注射器、按日期和時間標記的儲存。所有這些都以軍事精準度準備，以滿足我們兩個小戰士的確切需求，毫不懈怠。

我們都認為心態會影響情緒，情緒又會影響荷爾蒙、身體化學反應，最終會影響到母乳的品質。因此她嚴格遵守著讓自己有充足的營養、良好的休息，保持愉悅輕鬆的心情，讓寶寶有最好的營養補充，她自己也能盡快從產後復原。

來自尿布的榮譽勳章

一位醫生曾經分享過一個感人的故事，一位祖父帶著他便秘的三歲孫子來到診所。祖父顯然很痛苦，

直到男孩終於設法排便。這位醫生說,在他整個職業生涯中,從未見過一個爺爺因為孫子排便問題被解決,如此欣喜若狂。

消化系統健康是一項基本的身體功能,我們經常認為它是理所當然的。但對於早產兒來說,消化系統發育和正常運作可能會很慢。當Amethyst開始排便,Magenta卻沒有——這可能是正常的——我們很焦慮。幾週後,Magenta仍然沒有排便,醫生建議我們嘗試以下方法:

- 讓寶寶仰臥,輕輕移動寶寶的雙腿,以繞圓周踩踏的方式運動,有助於緩解腹部壓力並刺激腸胃蠕動。
- 帶寶寶做溫水浴,或將溫毛巾放在她的腹部有助放鬆,緩解腸道緊張。
- 讓寶寶仰臥,使用嬰兒化妝水或椰子油以順時針圓周運動輕輕按摩腹部,持續三到五鐘。

我們聽從醫生的建議，替Magenta執行這些活動，希望能讓她順利排便。在這段期間，出現兩件令人難忘的事情。

首先，在按摩過程中，我們必須施加些力量在Magenta的腹部，並繞著圓周不斷按壓，雖然這會讓Magenta因為不舒服而哭泣，但為了她好，我們只能繼續執行這項任務。

慢慢地，Magenta越來越習慣我們幫她按摩，沒想到醫院竟然詢問我們，是否能讓Magenta成為嬰兒腹部按摩示範教學影片的「明星」，我們還為此簽署了一份完整的版權授權書和工作內容。

我跟Isabelle開玩笑說，雖然她為了家計，從五歲就開始工作，但她的女兒現在打破了這個紀錄——在她應該出生前就開始「工作」。因為從技術上來講，若不是因為早產，當時的Magenta應該還在Isabelle的肚子裡，只有三十一週大。在當時充滿壓力和不確定性的時期，這件事讓我們短暫感到輕鬆有趣。

就在我們把雙胞胎帶回家一週後，有天下午，我們注意到Magenta臉上有一個特別的表情——她很專注。「會不會？」我和Isabelle不約而同的互看一下對方。是的！我們沒猜錯，Magenta正專心地排便。我們相信當時對Magenta來說，一定是種全新的、未曾有過的感覺。

　　在清理她的便便後，我們確認她總算成功完成這項使命，而那片尿布似乎變成一種榮譽徽章。這不僅讓我感受到，因為如此愛自己的寶寶，即使連便便這樣的行為，在父母的眼中都變得美麗。

　　那天，我終於親身感受到醫生曾經分享過關於那位興高采烈的祖父的故事。

CHAPTER 3

為生命出征

我打定主意孩子們要跟我在一起,無論是好是壞,我不認為這會是一個負擔,我決心不走第一條路,也不走第二條路,而是一條通向非凡命運的新道路。

關於育兒的
戰略勇氣

　　我想要分享關於我們孩子乾爹的故事。我們之所以想要找這個人成為雙胞胎的乾爹，是因為他養育孩子的方式既勇敢又聰明，我們希望也能成為像他那樣的父母。

　　他是一個摩門教徒，摩門教徒以擁有龐大的家庭聞名，而他則是十二個兄弟姊妹中最年長的。身為大哥的他，年少時，因為必須協助父母一起照顧弟妹，所以帶孩子的經驗非常豐富，甚至在童年時期還教會了他的弟妹們如何游泳。成年結婚後，他有了四個孩子，除了平時的教養，四個孩子在他的教導下也都是游泳好手。

他曾經跟我分享一個發生在多年前的故事，當時他和兩個年紀尚小的孩子在中國大陸生活。有一次，他和兩個孩子在一間五星級酒店的游泳池旁散步，兩個幼小的孩子跟在身後開心並自信地走在泳畔，一位好心的奶奶看到，訓誡他不該讓孩子離水太近。雖然並不喜歡她嘮叨與訓誡的語氣，但他可以理解奶奶的好意與擔心，便對她點點頭表示認可。

　　沒想到那位奶奶毫不罷休，看到他沒把孩子抱離游泳池繼續走著，就持續地嘮叨，甚至開始以一種批評的態度責怪他不懂得如何帶孩子，更以尖銳又大聲的語氣說，「你是一個不負責任的父親，孩子如果走錯一步就可能淹死。」

　　他試著不理會那位奶奶的騷擾，繼續往前走，專注在自己的事情上，但她的聲音大到難以忽視，當原本聽來像是嘮叨的話語變成具有污辱性字眼，他難以繼續保持沉默與忍受。

　　這時，他把只有兩歲多的小女兒放進了游泳池，

池邊的人都愣住了，但不是因為他的舉動，而是那位奶奶大叫，「我的天啊！」接下來，原本一臉震驚的她，慢慢轉為帶著微笑和驚奇的表情，就好像慢動作中的轉換。這樣的變化來自於她親眼目睹這個兩歲孩子沒有因為父親的突然舉動感到驚訝或害怕，反而是在池邊自在開心地游來游去。那位奶奶興奮地叫丈夫來看，並以充滿讚嘆的語氣說，「快來看看這麼小的孩子竟然會游泳，還游得這麼好，真了不起。」

在生活中的冒險勇氣

孩子們的乾爹認為，從小培養孩子具備自信和獨立的能力非常重要，這也是摩門教徒在國外傳道時被要求的特質。我和Isabelle都很認同他的觀點，也就是父母在教養孩子時，需要具備「戰略勇氣」，找到聰明冒險的平衡點。而讓小朋友在嬰幼兒時期學會游泳是一個很好的例子。

在美國，家家戶戶的庭院普遍都有游泳池，因此訓練嬰幼兒在水中漂浮被認為是一項必要的技能。原本我以為這是一個不容置疑的想法，直到我和許多住在海邊的朋友交談才發現，原本我以為他們因為住在海邊，一定都是優秀的游泳好手，沒想到竟然很多人都不會游泳，甚至不少人刻意選擇不讓孩子學游泳，因為擔心如果孩子會游泳，就會更想去玩水且忽視安全，容易面臨溺水的風險。這些朋友的想法讓我瞭解到，不同的人與文化間，關於教養的想法有著非常大的差異。

Isabelle和我都認為孩子要能挑戰自己的潛力，因此生活中必須面對可能的風險，並懂得如何解決和掌控，才能在成長過程中建立能力和信心。

基於這種想法，我們請孩子的乾爹教導我們的兒子接觸水，幫助他在水中建立起快樂和自信。因此，我的兒子出生三十六週時，在乾爹的引導下就能直覺地在水中屏住呼吸。

看他抱著我們的兒子在水中，先往鼻孔吹氣，使孩子暫時屏住呼吸，同時注視著眼睛好讓孩子安心，接著就慢慢將孩子浸入水中。事實上，足月的嬰兒在出生前仍處於母親子宮的羊水中，所以擁有在水中活動的本能，藉由這個本能，越早訓練年幼的孩子對於水的適應，成效越好，由於我自己在成人之後才學會游泳，非常瞭解一個人開始害怕水之後，要學會游泳有多麼困難。

　　當我兒子從水中出來，他臉上帶著驚訝、開心又滿足的神情。然後，乾爹熱情的擁抱著他，並再次注視著他的眼睛，讓他知道一切都很好。我和Isabelle在旁邊親眼目睹孩子的乾爹與我兒子之間建立起了聯繫和信任，我們非常感謝他展示了如何在撫養孩子時，擁有戰略並培養他們能力的勇氣。那是一次美妙並有革命性意義的經歷，也奠定了日後我們兒子在游泳上的技能和信心。

親愛的Isabelle生病了

我和Isabelle總是充滿活力，認識的朋友常佩服我們的精力旺盛。我認為原因之一是我們很注重良好的飲食、生活作息、運動，還有壓力控制。雖然很忙碌，但我們並不常熬夜，即便偶爾熬夜也從不過度，因為我們知道長期缺乏睡眠有害健康。不過，在前兩年照顧雙胞胎時，我們都缺乏良好的睡眠。

嬰兒猝死症（Sudden Infant Death Syndrome，簡稱SIDS）是因為嬰兒太虛弱無法轉動頭部，造成呼吸受阻而猝死，當我兒子從新生兒加護病房出來時，仍然有呼吸不正常的問題，因此這個病症對於他的威脅相對提高了很多。

為了防止意外發生，出院後，我們租用了一臺監測他是否正常呼吸的機器。但因為對嬰兒猝死症的擔憂，加上多年前有親戚家裡發生過嬰兒猝死事件，都讓我們在輪流熬夜看顧孩子睡覺時格外警惕。

　　之後，當雙胞胎更強壯，即使臉朝下睡覺也可以轉動自己的頭，兒子的呼吸問題也解決時，雖然可以多睡一會兒，仍然很難獲得高品質的睡眠，因為半夜常要起來餵奶。

　　他們九個月大之前，每晚需要餵一至四次奶，而且醒來的時間間隔不同，這使我們幾乎不可能睡個好覺。Isabelle和我會輪流照顧他們，但是當兩個嬰兒都醒著時，就需要我們倆一起餵奶。

　　因睡眠不足和疲勞，Isabelle開始長時間的咳嗽，我曾建議她去看醫生，但她覺得只是睡眠不足，太累了，但隨著咳嗽的持續，我再次要求她去看醫生。

　　不過，Isabelle還是沒有接受建議，而是自行去藥房尋求藥劑師的幫助，這一延遲又是六個月。直到之

後，Isabelle的妹妹來住我們家，發現Isabelle一直在咳嗽，由於她妹妹曾經因為有其他病症被延誤診斷的經驗，因此要Isabelle立刻去做檢查。二〇一二年十月，Isabelle告訴我，她被診斷出患有三期肺癌。

我和Isabelle最喜歡的電影之一是二〇〇七年上映的《300壯士：斯巴達的逆襲》（300:Rise of an Empire）。Isabelle在電影中最喜歡的臺詞是「No Retreat！──沒有退路」，這是在戰爭最困難的階段說的，而Isabelle和我也準備好，想盡一切方法也要共同對抗疾病。

不論是遇到孩子提早出生、我家裡的變故等問題，我和Isabelle仍舊想辦法往前走，但面對壞消息時，我們還是會經歷五個悲傷階段：否認、憤怒、討價還價、沮喪和接受。只是相較於大部分的人，我們很瞭解自己的心理狀態，因此比大多數人更快地度過這些階段。事實上，我認為Isabelle比我還快。

強韌的
生命力和堅持

　　不管遇到什麼事情，Isabelle總是有計畫的行動，而且很認真的執行，不管是誰都沒辦法確認計畫會永遠的完美執行。就像華倫・巴菲特（Warren Buffet）選擇的股票不會總是上漲，老虎・伍茲（Tiger Woods）的高爾夫球不會總是進洞一樣，但從統計上講，如果計畫完善並明智地完成，成功的機會就更大。聽到醫生宣布自己的病症後，Isabelle馬上迅速安排接下來的計畫。

　　首先是手術。醫生建議她先將不好的東西切除，之後再進行其他療程。可以進行手術是一個好兆頭，這意味著癌症尚未轉移，為了盡快處理棘手的病症，

手術安排在診斷後的幾週內。

在那之前，Isabelle不想浪費絲毫時間，手術前的空閒時間，她安排我們去香港迪士尼樂園。對她來說，能夠與孩子共度美好時光就是一切；對所有人來說，那是一次愉快又充滿回憶的旅行。

之後，Isabelle進行了手術，切除肺部的腫瘤，她以一種勇敢又冷靜的態度面對手術，我則負責照料當時一歲多的雙胞胎孩子。手術是成功的，隨後她接受一輪化療，以預防癌症經由淋巴系統擴散到其他器官。

令人驚訝的是，Isabelle與大多數接受化療後掉髮，必須戴假髮的狀況不同。一頭濃密的黑髮讓許多病友羨慕不已，也讓Isabelle充滿信心。

從手術到後續的化療是成功的，她的病症算是暫時控制住，醫生跟我們宣布這個好消息，於是Isabelle很快又計畫下一次的家庭冒險，我們稱之為「療養之旅」。

療養之旅

二〇〇八年的金融危機，房價大幅下跌，尤其是在拉斯維加斯。所謂的危機入市，當時Isabelle只用了五分鐘就想到要到拉斯維加斯趁低價買房的投資策略，而我看到那房子後，只用五分鐘就決定購買。因為在低價投資，所以房產價值在短短幾個月內翻了一倍，而且房子出租的價格也非常高。Isabelle很滿意拉斯維加斯的投資，想要繼續這個策略，她認為這樣一方面可以獲利，主要也可幫孩子的未來建立資產。為了實現這個想法，她想再度前往拉斯維加斯。

從別人眼裡看來，我們經常旅行，給人一種我們不必工作的印象。事實上我們一直在工作！只是我們的工作模式跟大部分人不太一樣。

事實上，隨著Isabelle懷孕的起起落落、孩子的早產、母親和弟弟的離世、Isabelle生病，我已經延遲一些原本要進行的工作，為了使這次旅行在經濟上可

行，我需要去一些能夠推廣並執行課程的城市。

就像巡迴歌手一樣，周遊各個地方做教育推廣與培訓，而不是只固定在同一個地點。另一種方式來說，就是我要成為一名客座教授，周遊世界不同的大學，而不是只在同一所大學任教。

為了可以同時滿足前往拉斯維加斯的想法，又可以進行教學，我們的行程將從臺北、上海、舊金山、洛杉磯、拉斯維加斯到溫哥華。每個地點的停留時間則以培訓計畫所需時間調整，更重要的是，要有足夠時間可以停留，幫助Isabelle康復，並確保雙胞胎的健康。

該如何在工作中擁有休息、快樂，在經濟上獲得成果，又盡可能地減少身體和情緒壓力？我們相信可以用有創意的方式達成這些目標，而且與只待在家裡的結果相比，絕對會是淨收益。

很多時候，人們因為待在舒適圈而產生虛假的安全感，沒有勇氣教育自己去面對未知以創造更好的願

景，Isabelle和我一直都在防備這種錯覺。

　　Isabelle就讀波士頓大學的研究所時，曾以導遊的身分多次到拉斯維加斯旅行，而我相信自己的環球旅行經驗，也會對這次療養之旅的安排有所幫助。

互助的
夥伴和幫手

不少人覺得我們的療養之旅很瘋狂，除了Isabelle是一個要慢慢復原的病人外，我們的雙胞胎還需要餵奶和換尿布。

有過育兒經驗的都知道，旅行期間帶著幼兒很辛苦，更別說是一對雙胞胎了，很可能讓旅途充滿爭吵和疲累，不但他們醒著的時候要照顧陪伴，還需要付出很多努力和時間讓他們願意休息和早點睡覺。考慮到這樣的現實，我決定請兩名幫手一起旅行，以減輕Isabelle不論身體或心理上的負擔。

一位是我的學生，他的父母都是我們的朋友。他們的兒子當時二十歲，父母希望這個大學沒念完的兒

子能夠有份工作，同時有機會到世界看看，於是他成為了旅程中的一份子。這個孩子負責在旅途中幫忙開車，也是我每場講座的助教，除了幫忙準備資料，也會以實例展示教學方法，幫助我培訓年輕學生。

因為他是個男孩子，也成為雙胞胎很好的玩伴。有助於稍微轉移Isabelle對孩子的關注並讓她放鬆下來。作為一名前運動員，他有耐力長時間帶著雙胞胎。而他對孩子的嚴格要求，更讓他們可以乖乖入睡。這些日常生活的改變，讓Isabelle能得到良好的休息。

療養之旅團隊的第二個幫手是位律師，她擁有國立臺灣大學的法律學位，以及英國利茲大學的傳播學碩士學位。她除了是我的學生外，當時還計畫和我一起寫一本關於法律和記憶的書。Isabelle說服她可以在旅途中與我合作寫書，並在我們的訓練課程中練習記憶技巧，此外，還可以享受一種特殊的旅行方式，與她習慣的保守旅行團有不同體驗。

這位律師有一位家人罹患癌症，在旅途中，這種相互的同情使得律師和Isabelle之間建立了一種姊妹情誼。律師除了為我的工作提供專業幫助、對Isabelle的情感支持之外，基於擁有幾個姪子女的經驗，她也分擔了不少照顧孩子的部分，像是餵孩子吃東西、換尿布。這樣一個不同類型與人才的組合，不但讓整趟旅程實現多個目標，也使大家覺得有趣並且難忘。

邊玩邊工作的實踐

　　我們在拉斯維加斯、洛杉磯、舊金山和溫哥華成功地推廣了課程並培訓學生，Isabelle和雙胞胎也趁機拜訪了在上海認識的朋友。當我在拉斯維加斯工作，Isabelle和孩子就在拉斯維加斯的大飯店享用自助餐，在五星級度假村的游泳池裡嬉戲。

　　在洛杉磯期間，Isabelle安排大家住在著名的威尼斯海灘區，因為她想要把嬰兒車推到時尚的海濱，那

裡有很多藝術家和身材健美的運動員。的確，加州的陽光、搖曳的棕櫚樹、海洋的氣息，都讓人心情愉悅。

我們在舊金山的停留，也讓我父親與他的雙胞胎孫子女培養了更多的情感。當我們在溫哥華，每天早上都與雙胞胎一起漫步到同一家咖啡店吃早餐，然後到公園散步，這些簡單的快樂對靈魂來說是一種治療。

這一切幾乎都按照Isabelle的想像進行，我覺得這是她積極思考所產生的力量，再加上她完善的計畫與實踐。對她來說，這些寶貴的時刻讓她作為新手媽媽的生活更有意義。

此外，除了Isabelle度假，以及我的課程推廣和培訓，我們還修復了拉斯維加斯的一處房產準備出租，並在離開拉斯維加斯前又投資了另一間房地產。這些投資後來讓我回收了百分之一百五十的獲利，就如Isabelle當時預測的那樣。

命運之神
再度給予的打擊

經過一段時間的癌症緩解後，Isabelle告訴我癌症復發了，她說：「狀況不好，但我不怕。如果沒有成功，我不會後悔，我已經過了充實的生活。」Isabelle非常清楚自己的病情，並瞭解需要進行新一輪的化療，在這同時，她開始另一個計畫和專案工作，加入了一家名為World Venture的旅遊直銷商，努力建立自己的團隊和未來。

她是一個實際的、有建設性的樂觀主義者，她明白在某種程度上，積極的前景在她與癌症的鬥爭中很重要，至少良好的心態不會損害她康復的機會；即使她內心的恐懼和懷疑可能會告訴她並非如此。

她規畫了一個未來的藍圖，包括希望孩子進入常春藤盟校、一輛時髦的跑車、一座理想的房子，以及她仍然想去的旅遊景點。這些目標將使她充滿活力，專注於未來的可能性，從中獲得力量和靈感，而World Venture旅遊俱樂部成為她努力達成並寄予希望的一項工具，激勵著她：「如果你想成為未來的一部分，你最好康復。」

　　她把目標和藍圖寫在牆上的板子並貼上照片。為了振奮精神，她經常重複一句咒語：「我要活得夠久，才能看到孩子大學畢業、結婚，並看到Magenta生下自己的孩子。」

治療中的不適感與掙扎

　　不同於之前的狀況，這次的治療讓她有很大的不適感。在與癌症鬥爭的同時，她也在與自己的思想和感情鬥爭。在邏輯上，她知道該做哪些事情對治療才

會有正面的效益，在感受上她卻做不到。

當她妹妹幾年前因為癌症不得不接受化療時，Isabelle曾理性地勸告妹妹要正確飲食才能有良好的體力度過治療。可是當我們勸Isabelle需要為身體補充食物和適當的營養時，她不但不願意，還會責怪我們不明白她不但不餓，而且感到噁心。

這讓我想起自己的家庭情況。當我姊姊不幸被診斷出患有精神分裂症時，她完全不知道也不接受自己生病了，某次她出現嚴重的幻覺，父親請弟弟幫忙，強行帶姊姊去醫院。

在那次緊張的過程中，弟弟曾說道，如果哪天他像姊姊一樣生病，我們也要強迫他去看醫生。不過多年後，當他被診斷出患有同樣的疾病，家人試圖說服他尋求幫助時，他斷然拒絕，忘了當時自己說過的話；也許自我反省對所有人來說都是困難的。

有一次，Isabelle在晚餐時間將Magenta抱在腿上，她像往常一樣往嘴裡放了一口食物，接著便厭惡

地皺著眉頭停止進食。我和她的妹妹Sophie試圖再次說服她要補充足夠營養，才能應對化療對身體的損傷，她的妹妹勸她：「妳不是想趕快康復，才能看到孩子長大，看到他們畢業嗎？」Isabelle馬上補充說，她也想看到他們結婚。

這時，一個突如其來的狀況發生了，當時我們只有三歲的女兒，本能地、反射性地說出Isabelle常掛在嘴邊那些話的最後一部分，「還要看到我有自己的小貝比」。Magenta的話擊中了Isabelle的內心，聽到女兒的話，Isabelle頂著噁心的感覺，將食物放進嘴裡，眼淚也順著臉頰流了下來。那一幕，至今還深深留在我的腦海裡。

措手不及的
人生變化球

　　我和Isabelle都非常喜歡看電影，至於為什麼這麼喜歡看電影，或許是因為進入電影中的幻想世界，對我們來說，是一種安全又有效的放鬆方法。就像許多人會藉由抽菸、喝酒、挑戰極限運動、購物等方法暫時擺脫現實生活中的壓力一樣，例如我有些親戚就喜歡玩吃角子老虎。總之每個人都有不同的放鬆方法，看電影當然也是其中一種。這也難怪像印度一個這麼貧窮的國家，卻擁有每年出產的電影數量和售出的電影票數量居全世界第一的寶萊塢（Bollywood）。

　　另外，不管再怎麼樣熱愛電影，都不至於發生失控或是有害的狀況，而且就Isabelle的說法，看電影除

了能夠有放鬆的效果外，還能藉由看電影增進語文能力，一箭雙鵰。

難以避免的生老病死

皮克斯（Pixar）在二〇〇九年有部動畫電影《UP》，臺灣翻譯成《天外奇蹟》，原本我並不喜歡動畫片，覺得那是小孩子看的卡通，可是我卻覺得這部片子非常好看，特別是當Isabelle過世後，這部片子讓我有很深的感動。

這部片子講述一個擔任童軍的小男孩和一個老先生卡爾的冒險故事，他們經由一堆氣球在天空飛行，前往想要到達的目的地。

故事中充滿了各種想像，包括把很多的氣球綁在身上甚至房子上，到底可不可以飛起來？充滿謎團的地方或生物，到底有沒有存在？透過動畫滿足了我們對世界的幻想。

不過最讓我印象深刻的是電影中的一段畫面：年輕時的卡爾遇見愛慕的女孩艾莉，艾莉活潑又充滿熱情，跟害羞又內向的卡爾完全不一樣。卡爾和艾莉一起成長，從相遇、相知到相愛，經歷了求婚、婚姻，組建了幸福的家庭生活。他們曾經想要孩子卻漸漸失望，於是沒有孩子的他們相伴生活，慢慢地衰老，艾莉後來因為生病而離開這個世界。

　　導演以一種無聲倒敘的蒙太奇手法帶領觀眾觀看一場純真的求愛、愛情、婚姻，面臨期待懷孕生子又失望的沮喪、磨難等高低起伏，直到後來的年老、疾病，面臨伴侶的最終死亡。

　　很多影評對這部動畫都是正面的評價，有評價說，即使對於男人，也很難不為那一段畫面流淚；也有影評提到這部電影成功的魔力，在於人們可以從這故事中找尋到與自己的共鳴，儘管不是每個人都能找到愛、結婚、生孩子，但從這短短的幾分鐘畫面，卻表現出我們所有人從年輕到老的變化，高峰和低谷，

一直到最終的衰弱和死亡。

未完成的心願

　　生命中不可能永遠都是一帆風順，甚至都在高峰，總是有大大小小的坑洞要面對，雙胞胎出生面臨腦性麻痺的威脅時，可說是我人生中第一個最嚴重的低谷；而Isabelle過世，讓我再次面臨沮喪的深谷。只是Isabelle留了兩個珍貴的禮物給我：我們的雙胞胎。

　　雖然時間不長，但我知道Isabelle在雙胞胎長大的過程中享受了成為母親的快樂。對Isabelle來說，從懷孕的那天起，她想當媽媽的欲望遠遠超過她為了擁有孩子所承受的辛苦。她對孩子有難以解釋的愛，竭盡全力確保他們的生存，若她還活著，我相信她終其一生都會以同樣的心力保護孩子，這就是媽媽的偉大。

　　當我重看《天外奇蹟》這部電影時，我有一個很強烈的想法，我要把Isabelle想做卻還沒做到的事情完

成,就像卡爾為艾利做的。像是以我們自己的故事為例子,寫一本跟早產兒有關的書,告訴大家如果想要孩子,不要等到年紀大了;等到雙胞胎要開始念書了,帶他們回去美國,讓他們的英文和中文一樣好;帶著雙胞胎到世界各地旅行⋯⋯。

Isabelle的離開讓我如同卡爾一樣,失去一個重要的人,但我並不孤單,我有兩個孩子,而且我必須為他們負責、教育他們,陪著他們成長。

當Isabelle生病時,曾有親友提到如果讓她選擇,她會希望自己沒有生病,還是沒有懷孕生子?她堅定明確地表示,孩子讓她的生命更圓滿,不後悔為了孩子付出的努力和代價,更珍惜成為他們母親的每一秒鐘,因為這兩個孩子,讓她感到幸福並滿足。

月亮上的媽媽

孩子在什麼年齡能理解死亡的概念？大人又要如何跟他們幼小的心靈解釋這個敏感的概念？

我的雙胞胎兒子、女兒在三歲半時，失去了他們的母親。Isabelle倒下時，他們親眼目睹了令人心碎的CPR場面，雖然那時他們並不理解那是什麼樣的狀況。不過因為目睹了母親死亡的瞬間，並在沒有母親的環境中成長，他們受到的創傷深刻又長遠。

從傳統儀式中燒紙錢的過程到基督教對於天堂的概念，這些不同的文化和宗教呈現出的儀式，都在他們兩個心中留下深刻的印象。

在Isabelle離開後不久，有一天，我的兒子滿懷天真的眼神看著我說，他想要看天空，並指著天上圓圓

的月亮問我,「媽媽在那裡嗎?」我不禁滿臉淚水,我抱著他,跟他說媽媽不在那裡,她現在在別的地方過著快樂的生活。

對於Magenta和Amethyst來說,Isabelle一直在他們心中,Magenta甚至還記得自己跟媽媽之間的互動,雖然當時她只有兩、三歲。

直到今天,Isabelle生日的時候,我們都會去買一束花為她慶生,不論在哪個國家或城市,那是一種我們懷念她、想念她的儀式。

我們的希望，
雙胞胎的未來

　　雙胞胎的母親Isabelle離開一個月後，我的生活帶著一種正常的緊迫感繼續著。

　　接下來，關於兩個孩子的照顧、住的地方，還有我的工作地點、如何工作等問題，都越來越需要盡快決定。因為世界繼續轉動著，絲毫沒有停下來，我們不是唯一失去的人。在我的大家庭中，曾發生類似這種父親或母親不在的例子，通常有兩條路選擇。

　　第一條是把孩子留給祖父母照顧，我則繼續專注於工作的推廣和進行，以確保孩子們有一個健康的財務未來，畢竟孩子未來的教育基金、醫療需求和其他必須花費，需要一個穩定又強大的財務平臺。為了做

到這點，我必須解決工作的時間問題，決定居住的地方，以及是否繼續在臺灣經營現有的工作內容。

在臺灣，因為Isabelle的離開，讓我失去最重要也最關鍵的家庭成員支持，加上兩個不到四歲的孩子，這讓我做任何決定時都變得更有壓力、躊躇不決，這是我第一次在臺灣這塊土地上感到孤獨。

至於第二條路，則是很多人鼓勵我再找一個伴，當孩子們的繼母，因為孩子都還很小，要適應新媽媽對他們的照顧，相對來說會比較容易。

從減輕我的負擔這點來看，這兩個選擇聽起來可能都很誘人，畢竟現實的壓力存在著、也是殘酷的，我需要有人幫忙照顧兩個幼兒，也必須趕快進入工作正軌，才能持續支付各方面的財務支出。

不過，即便如此，在我的腦海中，從來沒有一瞬間考慮這些選擇。Isabelle是花費這麼多心力才有這兩個孩子並生下他們，即使在生命即將逝去前，她也不想跟他們分開。所以我打定主意孩子們要跟我在一

起,無論是好是壞,我不認為這會是一個負擔,我決心不走第一條路,也不走第二條路,而是一條通向非凡命運的新道路。我告訴自己我不但會讓這想法成真,而且會超越想像的成功。我打算本著戰士的精神,不僅為自己的生命而戰,也為我和Isabelle的理想和兩個孩子而戰。

多重嘗試的世界巡迴挑戰

多年前,當我成為加州大學柏克萊分校最負盛名的兄弟會主席,一位與我志趣相投的同學總會告訴我:「現在就做吧!」尤其每當我猶豫不決時,這句話成為我的力量。

進入社會後,我從業務夥伴那裡學到推廣業務方面的積極和行動,之後更從Isabelle、我的妻子身上見證她設定好目標就努力實踐,風雨無阻地執行,沒有任何推托和藉口的魄力——她是我見過最執著有效的

執行者。

有一次，我出差在外時，Isabelle協助我的員工策畫銷售活動。在設定好計畫和目標後，她立即在全臺灣執行了十六場的宣傳活動。後來在二〇〇一年我推出第一本暢銷書後，重複了那個模式，之後我們以每年出版三本書的節奏，合計出版了十九本書，在那個時代，那些書的總銷量達到近一百萬冊。

所以在Isabelle過世前，我們曾經討論過一個看似瘋狂的想法——帶著雙胞胎展開為期半年的世界巡迴研討會之旅，並在旅程結束後搬回美國，讓雙胞胎從五歲開始在美國上幼兒園。現在，我失去了Isabelle，當初我們一起計畫的這個夢想還能成真嗎？我問自己：「為什麼不呢？」然後，我看著鏡子，給自己一個答案：「現在就做。」

隨著思慮的漸漸清晰便是承諾，有了承諾，就有了計畫。我從過去的旅行開始推論什麼有效、什麼不有效，為接下來計畫的旅程建立了一個龐大的執行藍

圖。

第一站　中國及香港

我們在廣州停留一個月，我穿梭於廣州與香港的研討會之間。同時我找了雙胞胎的乾爹和這兩地曾經跟我上過課的學生支援。

第二站　澳洲及巴布亞紐幾內亞

我們在布里斯本和雪梨舉辦研討會，在墨爾本，我們與在當地的表姨、表弟和我的父親重逢，他們不僅支援研討會並幫助我照顧孩子，我們也一起度過聖誕節和新年的慶祝。我和孩子們甚至去了附近的巴布亞紐幾內亞做了一段小旅行。

第三站　馬來西亞

在吉隆坡，我的表弟和Isabelle妹妹的家人飛過來協助我的工作並照顧孩子，接著我們一起在那裡度過

溫暖的新年。

第四站　歐洲

在倫敦和巴黎的研討會，我找了曾經協助我們照顧雙胞胎的夫妻來支援，並一起去了葡萄牙。之後我和雙胞胎一起冒險去了西班牙、安道爾、喬治亞、突尼西亞，和我一直想去的愛爾蘭。

第五站　美國東岸

我們在美國東岸登陸，參加紐約和新澤西的研討會，並獲得雙胞胎在紐約的乾媽，以及一位從舊金山飛來的青少年學生支援。我們還去了費城，孩子們在那裡觀賞了他們的第一場百老匯表演。

第六站　美國西海岸

我們在舊金山完成最後一次研討會，正好趕上孩子們幼兒園開學的第一天──完全按照原先的計畫。

在一開始決定整個旅程，到完成這趟非凡之旅，感覺就像從飛機上跳到指定目標。雖然有各種事前的模擬和規畫，感覺還是像命運的飛躍。我們暫時離開了臺灣的家，把生意的接力棒傳遞給信任的合作夥伴，打包了六個三十二公斤的行李箱、四個隨身行李，以及三個個人背包，像是鎖住了前世，踏入了未知。

　　不過這一次，我隨身有Isabelle的靈，就像我們的婚禮誓言，我承諾：「雨或晴，病或健康，為富或為貧，至死不渝。」我會以同樣的精神執行這個任務，並且繼續每一天。

　　事實上，我們不論在比喻上還是實際上，都延續了這本書的精神。在旅途中，我的雙胞胎和我平均每天行走一萬步，同時也把我們的希望一步步實現為現實。

後記

讓不可能
成為可能的旅程

　　回憶和書寫是一趟整理身心的旅程，在這長達十年的整理文稿過程中，我拾起一片片原本可能被忽略或遺忘的生活片段，發現一路以來，至今為止的旅程，對我來說充滿了危機卻也有轉機。大家常說「柳暗花明又一村」，大概就是這樣的意思。若是以美國電影中常喜歡運用的英雄式情節來看，每個人的際遇又何嘗不是一場英雄之旅，特別是那些面對困難卻仍勇往直前找出方向的人。

　　這本書中除了我和Isabelle的故事外，也提到了一些電影的片段，這些電影中的故事，有傷心、有失望，

甚至氣餒，但之所以跟我們產生共鳴，那是因為人生或工作從來都不是盡如人意，不過當事過境遷，我們仍渴望能成為最好、最勇敢的自己。

我們或許不夠有力量，無法創造出英雄般的旅程敘事，但我們都足夠聰明，能夠識別這些故事的模式，並互相鼓勵實現那些理想。最重要的是，我們懂得採取行動，並踏上這段行動的旅程。

在這本書中，我分享Isabelle和我的共同回憶，並繼續灌輸我們的孩子接受他們的「英雄之旅」挑戰的重要性，這始於他們在早產中英勇地為生存而戰。我希望能將這些資訊傳遞給所有讀者，讓大家可以被我們的故事激勵。

因為我知道正面地激勵一個人可能會引發變革和行動，可以使世界及其歷史朝著正面的方向發展。這些是崇高的目標，但正是Isabelle和我兩人的信念，更重要的是，這些信念如何激勵我們的行動。只要我盡力做到，並且比任何人都更加努力，我就感到自己充

滿力量。

只要我成功地激勵自己的孩子也這樣做,我就可以放心地寫下這些願望並付諸行動。只要我繼續按照自己的信條生活,一些志同道合的人能夠與我的想法產生共鳴,我最終會實現以積極的方式影響世界和歷史的崇高抱負,而這本書就是實現這目標的一部分。

我和Isabelle的「英雄之旅」概況

來自平凡世界的我們,過著日常生活。

- Isabelle和我的日常生活和成長。
- 從約會、結婚到工作和生活各個面向。

生活中的初步挑戰

- 對Isabelle來說,家庭經濟上的困頓讓她想要有所改變。對我來說,移民到新國家,是一個混亂的新開始,再加上家庭成員發生的精神疾病,讓我成為一

個真正的獨生子，需要早熟並承擔早期的重大責任，並明白需要冒險並接受挑戰。

遇見導師。你會遇到一個影響自己未來的人——也許是父母、老師，或一個有智慧的朋友。

- 在年幼的時候，影響我的人有：法蘭克・奧本海默（Frank Oppenheimer，原子彈之父的弟弟），他在教學領域給我帶來了啟發；戈登・賀廷（Gordon Hutting），他指導我從跑兩個路口就氣喘吁吁，到最終完成全程馬拉松。
- 對於Isabelle來說，她到國外的旅行，奠定了想看更寬廣世界的想法，結婚後，一位名為Sushi的女士，影響了她想成為母親的決定。

走出舒適區，進入新世界。

- 為了開拓視野，Isabelle在法國和美國學習後，又生活和工作於中國大陸。我則去阿根廷旅行，在滑雪

度假勝地、夏威夷，香港，以及臺灣生活和工作。
- 下定決心要有自己的孩子。

面臨新的挑戰，結交新朋友。

- 因為高齡生育讓我們想要孩子的夢想面臨很大的挑戰。
- 多次的人工受孕以及不幸的流產，造成Isabelle身體上最大的挑戰。
- 遇到來自世界各地的學生、朋友和善良的人，他們鼓勵並幫助我們。
- 我的合作夥伴在業務上提供充分的支持，協助我們繼續工作上的推廣，也讓這旅程成為可能。

接近目標。

- 總算成功懷孕！

前所未有的大挑戰。

- 嬰兒的極度早產變成生死攸關的問題。
- 我母親和弟弟在同一時間，因無法形容的事故去世。
- Isabelle得到癌症並過世。
- Isabelle的喪禮後，我第一次感到自己是一個孤獨在外國的單身父親。

勇往前行並獲得回報。我從妻子和NIKE的廣告口號「Just do it!」獲得靈感——做就對了！我接受命運並執行。

- 我打電話給年邁的父親，請他成為我精神上的後盾。
- 我很幸運有Isabelle的妹妹，她幾乎成為孩子們的代理母親形象。
- 在臺灣故事城堡及瑞華教育的幫助下，我成功地將生意轉移給他們，請他們協助我的舊有客戶、員工、商業合作夥伴和供應商的運行。

- COVID19發生,由於全球經濟的停滯,世界各地都充滿絕望感!我帶著孩子搬到法國。在那段時間裡,我帶著孩子去了二十八個國家旅行,還帶著當時八十九歲的父親去了十一個國家實現他的夢想。

二〇二五年,我帶著更多的知識、經驗和智慧回來臺灣,更重要的是,我確信孩子們不論在心靈、身體和精神都有了良好的基礎,而我的身體、心理和情感健康處於巔峰狀態,可以說:「我的生命將再次在六十歲開始。」

我回顧過去三十年取得的成就,並對未來的可能性感到興奮。雖然身體會逐漸老去衰弱,但我在這個階段的智慧、自信、洞察力、專注力,將成為更加強大的工具。

無論生命長短如何,儘管下一個不可想像且不可預測的障礙和會出現,我承諾繼續堅定不移地充分利用每一個情況,努力取得成功。如果我中途停下,我

希望將火炬傳遞給我的孩子,以及任何讀到這本書並與我的想法產生共鳴的人。經由我的分享,我希望能為這世界做些好事,不僅僅是為了我自己,也是為了親愛的Isabelle。

附錄

適用一輩子的
學習藍圖和強效記憶
學習法

　　我們常聽說，童年就像海綿——充滿驚奇、好奇心，並擁有飛快學習與成長的能力。但很少有人真的意識到，學習究竟可以從多早開始、能夠多深入，又能發展得多全面。

　　這篇文章想要藉由我們的經驗和故事，提供正在看這本書的你，一個關於如何經由記憶力搭配正確方法，為孩子打下受用一生的學習根基的建議。

在出生之前:備孕與懷孕期

在雙胞胎還沒出生前,我和他們的媽媽就已經下定決心,要走一條有意識的教養之路。我們相信,教育是從出生前就開始,而我們的健康、心態和生活習慣,會影響孩子的基因和未來的學習能力。

我們特別注意營養、情緒穩定和正念練習。家裡總是充滿音樂——世界音樂、搖籃曲,有時甚至是講座。他們媽媽總是很細心,會一邊畫畫一邊唱歌,或安靜地躺著,並將雙手輕輕放在肚皮上,和寶寶建立早期的情感連結。根據發展心理學的研究,胎兒的聽覺大約從第十五到二十週就開始發展,到了孕期第二十五週,對聲音的反應更敏銳。她從那時就開始唸故事給他們聽。

新生兒到六個月：建立關愛的儀式感

雙胞胎提早出生後，新生兒加護病房成了我們的第二個家。「袋鼠式護理」著重的肌膚接觸，不只是醫療需要，更成為我們彼此建立連結的一種儀式和方法。我會把他們嬌小的身體輕輕抱在胸前，在機器規律的聲響中，對他們輕聲說故事、唱歌，每一刻都充滿意義。

我們配合他們脆弱的身體狀況，特別調整了早期的感官刺激方式：高對比圖卡、有節奏地輕輕拍打與柔和的搖籃曲，甚至從換尿布到哄睡的每一個動作，我們都用說故事的語氣慢慢講給他們聽。這些看似微小的日常儀式，其實是建立在神經科學與深切關愛之上的用心安排。

第六個月到三歲：在日常生活中建立習慣

　　他們的媽媽有一種天分，能把日常生活變成語言遊戲。兒歌變成每天早上不斷掛在嘴邊的口頭禪；散步時，我們會一起指認街上的物品。看到車牌，我們會玩數字和字母遊戲，甚至教他們跳著數車子，讓眼前的車潮變成數學課。

　　有時我會玩倒著說話的遊戲，例如我說「ble-ta」，讓他們猜出來是「table（桌子）」，後來我甚至會將整句話倒著說。這不僅僅是遊戲，更是聽覺辨識訓練（Auditory Pattern Training）、早期音素覺察能力（Phonological Awareness）與認知彈性（Cognitive Flexibility）的好方法。就像運動員鍛鍊肌肉一樣，我們是在訓練大腦。

　　每當他們在車上覺得無聊，我就會編一些問題給他們玩，例如「如果失火了，你會怎麼辦？」答案裡既有合理的，也有荒謬搞笑的。他們很喜歡這個遊

戲,這能讓他們保持專注、歡笑和冷靜,同時也強化了實用的思考與決策能力。

三歲到六歲:蒙特梭利式教育

強效記憶學習是我的專業,也是我環遊世界推廣的工作,所以從三歲開始,我便透過遊戲,把記憶技巧融入孩子的日常。我們不會拿著閃卡死背,而是一起編故事,讓他們從遊戲中學會基本的記憶系統。我教他們用視覺聯想、色彩分類和記憶輔助法。

在耳濡目染下,雖然只是三、四歲的年紀,他們已經會幫我整理教學資料——對他們來說,像是在玩配對的遊戲,但其實能夠訓練孩子的邏輯與歸類能力。五歲、六歲時,我們玩各種想像力的遊戲;到了七歲,我就教他們「主導法」(Major System)記憶數字。他們以為在玩,但我知道我們正在鍛鍊他們大腦的肌力。

此外，家裡多語言的環境也讓他們的學習更豐富。他們每天都會聽到中文、廣東話、法文和英文。我先讓他們在美國讀法國學校，後來又帶他們到法國和臺灣讀書。語言的學習在生命初期就像濕水泥，越早塑形，就越穩固。

六歲到十二歲：用旅行來學習

我的工作——以及我們共同的療癒之旅——帶我們走遍了超過六十五個國家。機場成了教室，博物館是我們的教科書，歷史遺跡則是一座座記憶宮殿，我教他們用生動的視覺圖像作為提示來記住地理知識。

我們會一起回顧那些去過的地方，看照片、閱讀、看影片和問問題，即使當時年紀還小可能記不清楚，也能透過這些提示，重建「被遺忘」的記憶。他們的心智就像是一張拼布，由聽過的故事、經歷過的回憶，以及洞察到的事物一塊塊拼湊而成。

旅途中，他們會用電話跟孟加拉籍的數學老師上課，常常是一邊走路去柔道課，一邊上數學，這就是動態學習最棒的例子。我也受到李小龍的啟發——他曾邊搖嬰兒入睡邊做阻力訓練，於是我把樓梯變成健身器材，將行李當成重訓工具，讓每段旅程變成鍛鍊身心的機會。

十二歲之後的深化學習

隨著他們長大，我們開始更正式地學記憶技巧：其中像是記憶宮殿（Method of Loci），或是區塊記憶（Chunking）、心智圖（Mind Mapping）等，還有進階分類訓練。我們會在晚餐時討論時事，他們也參加辯論、撰寫反思文章、錄影片練習表達自信。

我相信任何技能——不管是功夫、演講、還是記憶訓練——只要每天持續一點點的練習，累積起來都能變成專長。我從太陽馬戲團的朋友身上看到了這些

原則的實踐，他們從資源很少的背景中，練就出驚人的身體技巧，那為什麼不能把這套方法運用在腦力訓練上呢？這種信念貫穿了我們的教養方式，記憶訓練不是額外加上的東西，是我們在學習時的核心架構。

將螢幕成癮轉化為助力而不是障礙

我們不只是養育孩子，而是培養出學習者。從最初在新生兒加護病房裡，伴隨心跳監測儀與輕柔歌聲的日子，到現在逐漸建立出一套活生生的課程，這一切都融入了韌性、行動、文化、連結與目標。他們媽媽的精神一直都在，存在於那些歌曲裡、生活的節奏裡，也存在於他們用溫柔的方式，把每一天的例行事務變成學習時刻的樣子。

楊紫瓊被問到六十歲還能拍功夫片的祕訣時說到，她把小小的訓練動作融入日常──比如刷牙時順便做深蹲。我也相信這套方法能應用在學習上，我讓

孩子學會善用時間,把記憶融入行動,把平凡的日常變得不平凡。

就像全世界的父母一樣,我也面臨孩子沉迷網路、手機和平板的挑戰。我不是例外,這些誘惑無所不在,但我選擇既不恐慌,也不放棄,而是試著以更長遠的眼光,用更有創意的方式畫出界線。

首先,我讓他們比同齡的人晚兩年才擁有自己的手機;我們家也不裝 WiFi,讓他們只能在圖書館或學習中心上網。這不是剝奪,而是希望他們學會自律。

更重要的是,我不把科技視為敵人,而是當作一項工具——重點是怎麼聰明地使用。我的策略是,讓他們為一個由 AI、數據和網路密集的未來做好準備,同時確保他們不會被科技奴役。我訓練他們具備技術能力,也培養他們的情緒穩定;要能運用科技裝置,而不是被裝置操控。

我們不斷變換環境,像是健行、種植東西、冥想;我們玩體能遊戲,也一起下廚。我要他們不只連

接「雲端」，也要連接「土地」。雖然我是一位年紀比較大的單親爸爸、資源有限，但我從不讓心靈受限。我常問自己：「我要怎麼把這個問題，轉化成祝福？」

這個世界不完美，我們的家庭也是。但我始終相信，每一個不完美的情境裡，都藏著創意解方的種子。我的職責就是幫助他們也能看見這一點。

我藉此機會回到臺灣，啟動我創立學習技巧與記憶訓練產業三十週年的慶祝活動，分享我們在學習、成長、發展與突破之路上的故事，希望能激勵志同道合的人們。這本書是我的《我與臺灣的親緣》三部曲中的第一部。

國家圖書館出版品預行編目（CIP）資料

一萬步的希望：從不孕、早產到單親，一位父親與雙胞胎勇闖世界的英雄之旅／戴維思（Davis），宋燕如（Isabelle）著. -- 初版. -- 新北市：畢方文化有限公司, 2025.06
224面；14.8×21公分（Glück；5）
ISBN 978-626-99585-7-3（平裝）

1.CST: 家庭關係　2.CST: 親子關係　3.CST: 育兒

544.1　　　　　　　　　　　　　　　114006074

Glück 05

一萬步的希望
從不孕、早產到單親，
一位父親與雙胞胎勇闖世界的英雄之旅

作　　者	戴維思（Davis）、宋燕如（Isabelle）
文字整理	張雪莉
出版統籌	張曉蕊
責任編輯	翁靜如
校　　對	何宣儀
版　　權	翁靜如
封面設計	林家琪
內頁設計	黃淑華

出版發行　畢方文化有限公司
　　　　　235603 新北市中和區建一路 176 號 12 樓之 1
　　　　　電話：（02）2226-3070 #535
　　　　　傳真：（02）2226-0198 #535
　　　　　E-mail：befunlc@gmail.com

總 經 銷　大和書報圖書股份有限公司
　　　　　24890 新北市新莊區五工五路 2 號（新北產業園區）
　　　　　電話：（02）8990-2588
　　　　　傳真：（02）2290-1658

I S B N　978-626-99585-7-3
初　　版　2025 年 6 月
印 刷 廠　鴻霖印刷傳媒股份有限公司
定　　價　新臺幣 400 元

有著作權．翻印必究
如有破損或裝訂錯誤，請寄回本公司更換

為自己出征

在不理想中堅持理想的

生命試煉

▶ Isabelle大學畢業後，曾經在法國生活過一段時間。

▲ Isabelle開心懷孕。

▲ 我曾是柏克萊兄弟會的主席。

◀ 我年輕時曾經參加滑雪比賽。

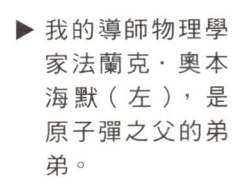

▶ 我的導師物理學家法蘭克·奧本海默（左），是原子彈之父的弟弟。

▲ 即使一隻手臂受傷，我還是贏得了滑雪比賽的銀牌。

▶ 在面朝大海的翡翠灣公寓裡看日出,是我們生活中一種簡單的享受。

▼ 我們都很喜歡水,因為它帶來平靜,也充滿生命的能量。

▼ 在臺灣的希臘式婚禮,並與太平洋集團的章董(右)合影。

▲ 我們在泰國旅行時,曬得開心又健康。

▼ 環遊世界的婚禮埃及站。

◀ 環遊世界的婚禮希臘站,於聖托里尼的地標建築藍頂教堂附近留影。

▶ 實現我們父母的旅行夢想,是我們那場橫跨一年、走訪七個國家的婚禮的首要目標。

▼ 環遊世界的婚禮舊金山站。

▼ Magenta 大大的眼睛充滿了對世界的好奇。

▲ Magenta 出生第一天,身上有明顯的瘀傷,並要使用純氧。

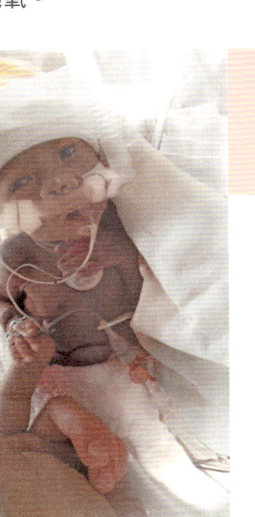

◀ 剛出生幾天的 Amethyst。

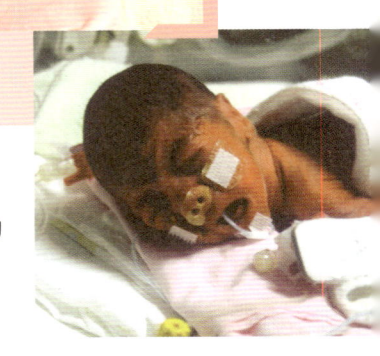

▲ 才剛出生,寶寶身上就有各種維生管線。

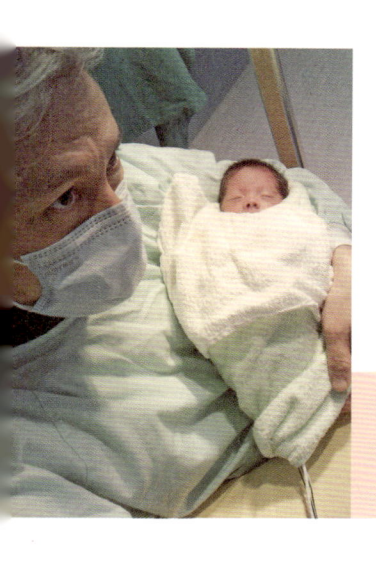

◀ 穿著防護衣才能進ICU。

▶ Isabelle總算抱到孩子。

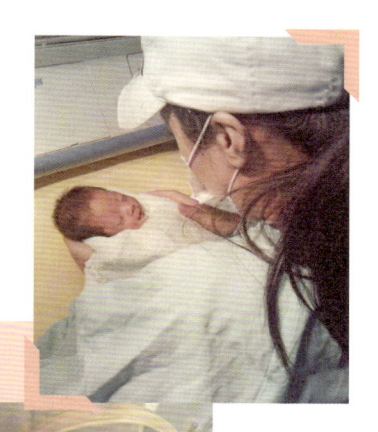

▼ 只有手掌大的孩子。

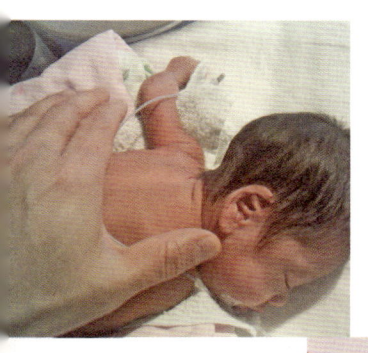

▲ 努力的餵奶，希望他們快點長大。

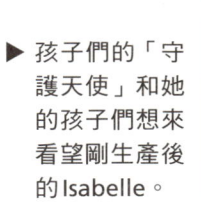

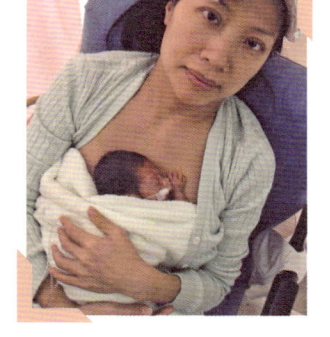

▶ 孩子們的「守護天使」和她的孩子們想來看望剛生產後的Isabelle。

▲ 袋鼠式護理，孩子與媽媽的親密接觸。

211

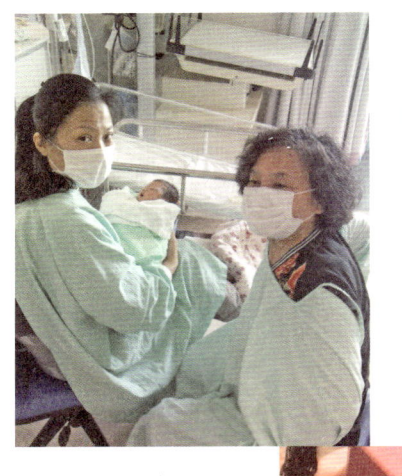

▶ 跟洋娃娃尺寸一樣大的Magenta。

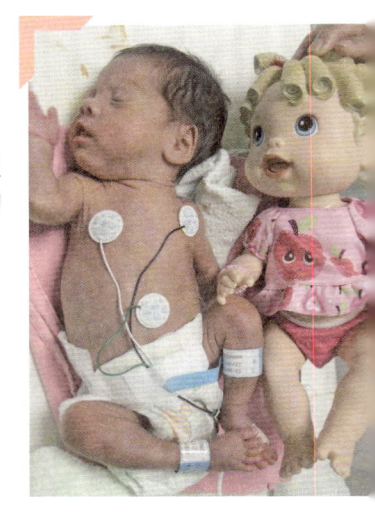

▲ 伊莎貝爾第一次帶她母親看剛出生的雙胞胎。

◀ Magenta順利「畢業」，從新生兒加護病房出院並回家。

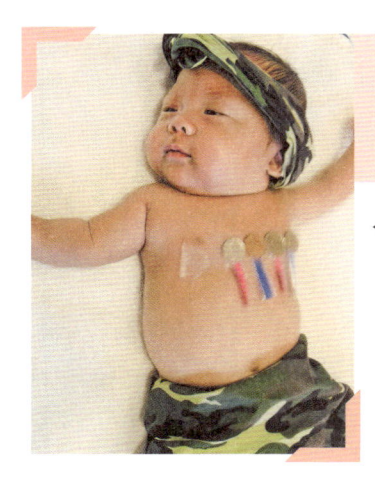

◀ Amethyst為生命奮鬥的象徵。

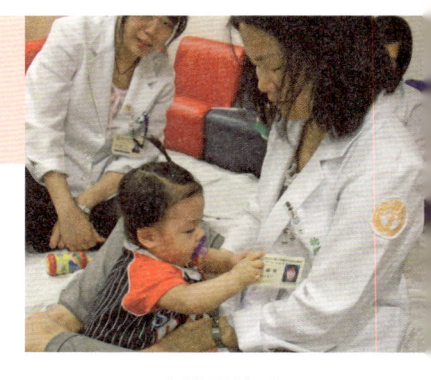

▲ Magenta在醫院接受發展評估。

▶ 過年時，也是孩子的一歲生日Party，Isabelle特別穿上旗袍拍照。

▼ 我從雙胞胎手中拿到了自己2012年的生日禮物：兩張Lady Gaga的臺灣演唱會門票。

◀ 兒子第一堂游泳課圓滿結束。

▲ Magenta像個小跟班，常常黏在Isabelle身邊。

◀ 雙胞胎的乾爹準備讓Amethyst嘗試游泳。

▶ Amethyst 總是努力超越自己的體能發展。

▼ 全家到洛杉磯出遊時的合照。

▲ Amethyst 總是愛玩又充滿好奇。

▼ Isabelle 的妹妹 Sophie 和 Magenta。

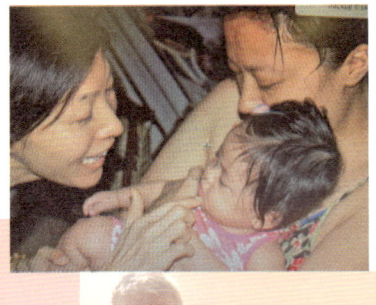

▲ 每一個聖誕節 Magenta 都想要扮成聖誕奶奶。

▲ 孩子們在紐約時，受到乾媽（左）和學生「大姊姊」的支持。

▶ 2歲的Amethyst和Isabelle。

▼ 我的父親、姊姊和雙胞胎及我,在加拿大蒙特婁的合影。

▼ 穿著彩虹洋裝的Magenta在加州的海邊散步。

▼ 簡單又美好的母愛。

◀ 母女在拉斯維加斯的五星級飯店戲水。

◀ Magenta這個名字代表洋紅色,正是照片中這朵花的顏色。

▶ 2歲時的Magenta就已經很有個性。

▲ 雙胞胎在臺灣的保母夫婦,與我們在巴黎。

▲ 來自臺大的律師(右),與臺灣保母的兒子(左),在「高材生與中輟生的蒙面記憶對決」活動中,不僅共同推廣快速記憶訓練講座,也協助照顧雙胞胎。

▲ 2012年,我們和我的父親及Isabelle的母親一起在峇里島過聖誕節。

▶ Isabelle 的妹妹 Sophie 對雙胞胎的照顧無微不至，像母親一樣。

▲ Magenta 總是喜歡搶 Amethyst 的食物。

▼ 我的母親在見到雙胞胎前就因意外過世，始終沒機會親眼見到他們。

▼ 家庭悲劇發生後，寶寶的「新生命」給了我父親「新希望」。

◀ 2014 年，我邀請一位街舞專長的學生擔任旅遊助理。在旅行兼推廣課程的同時，他也教 Amethyst 嘻哈舞蹈。十年後，我們再度相遇。

▲ 2023 年,雙胞胎總算有機會親自跟他們的「守護天使」見面,心中充滿感謝。

▶ 在新冠疫情期間,我帶著雙胞胎移居法國後的第一個上學日。

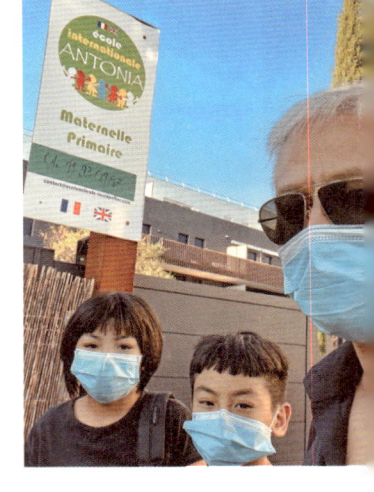

▼ 同樣的一個洋娃娃跟長大後的雙胞胎。

◀ Magenta的童言童語激勵Isabelle在治療期間要努力補充營養。

▲ 南極。7 歲前,我帶著雙胞胎遊歷了七大洲。

▶ Isabelle來自世界各地的朋友，包括美國、英國、新加坡、中國大陸、泰國等地，在她過世後，依然支持並關懷我們。

▼ 孩子們在臺灣的大家庭。

▲ Isabelle的爸媽與雙胞胎的幸福合照。

◀ 穿著亮眼服裝的雙胞胎，與美國的堂兄弟姊妹合影，剛好還站在C位！

▲ 我和王淑媛博士（右）一同拜訪財團法人台灣早產兒基金會。

▶ 受邀至《李敖祕密書房》接受訪問，由Isabelle協助翻譯工作的第一天。

▼ 故事城堡創辦人高立（左），成為我課程推廣的接班人。

◀ 雙胞胎第一次上電視。

▶ 我和雙胞胎一起接受教育廣播電臺張慧心的訪談。

◀ 聽完洪啟嵩大師講生命力，啟發我更努力完成本書。

▲ 在計畫生孩子及公司規模尚未縮小前，與臺灣公司成員合影。

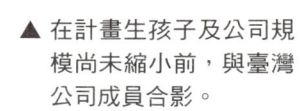

▼ 我與Isabelle主持環球電視臺《給我記住》節目。

▲ 本書所傳遞的積極心態,與黑幼龍(左)的演講內容相互呼應。

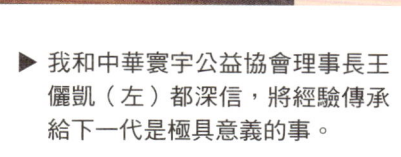

▶ 我和中華寰宇公益協會理事長王儷凱(左)都深信,將經驗傳承給下一代是極具意義的事。

▲ 美國MEGA的大家庭。

◀ 雙胞胎也跟著到我和莊淇銘教授(左)的演講活動。